MY FIRST KOREAN
3
Advanced WORKBOOK

MY FIRST KOREAN

3 Advanced WORKBOOK

김대희
전미현
고경록
최유정
이아롱

For foreigners learning Korean for the first time

주제별 상세한 문법 설명과
다양한 활동 제공

한국어, 영어 2개 국어
듣기 대본 수록

영어, 일본어, 중국어, 베트남어
4개 국어의 단어 자료집 제공

MY FIRST KOREAN 3
WORK BOOK

초판 1쇄 발행 2025년 6월 4일

지은이 김대희, 전미현, 고경록, 최유정, 이아롱
펴낸곳 (주)에스제이더블유인터내셔널
펴낸이 양홍걸 이시원

홈페이지 www.siwonschool.com
주소 서울시 영등포구 영신로 166 시원스쿨
교재 구입 문의 02)2014-8151
고객센터 02)6409-0878

ISBN 979-11-6150-989-1 13710
Number 1-120303-30303000-06

이 책은 저작권법에 따라 보호받는 저작물이므로 무단복제와 무단전재를 금합니다. 이 책 내용의 전부 또는 일부를 이용하려면 반드시 저작권자와 ㈜에스제이더블유인터내셔널의 서면 동의를 받아야 합니다.

Contents

Lesson 17 아르바이트한 지 일주일 됐어요. ⋯⋯⋯⋯⋯⋯⋯⋯⋯⋯⋯⋯⋯⋯⋯⋯⋯⋯⋯⋯ 7

Lesson 18 의사 선생님이 쉬라고 하셨어. ⋯⋯⋯⋯⋯⋯⋯⋯⋯⋯⋯⋯⋯⋯⋯⋯⋯⋯⋯⋯ 29

Lesson 19 이사하느라고 바빴어요. ⋯⋯⋯⋯⋯⋯⋯⋯⋯⋯⋯⋯⋯⋯⋯⋯⋯⋯⋯⋯⋯⋯⋯ 51

Lesson 20 한국에 간다면서? ⋯⋯⋯⋯⋯⋯⋯⋯⋯⋯⋯⋯⋯⋯⋯⋯⋯⋯⋯⋯⋯⋯⋯⋯⋯⋯ 73

Lesson 21 한국 드라마를 좋아하는 줄 몰랐어. ⋯⋯⋯⋯⋯⋯⋯⋯⋯⋯⋯⋯⋯⋯⋯⋯⋯⋯ 95

Lesson 22 머리를 자연스럽게 해 주세요. ⋯⋯⋯⋯⋯⋯⋯⋯⋯⋯⋯⋯⋯⋯⋯⋯⋯⋯⋯⋯ 117

Lesson 23 무슨 선물을 줘야 할지 모르겠어요. ⋯⋯⋯⋯⋯⋯⋯⋯⋯⋯⋯⋯⋯⋯⋯⋯⋯⋯ 139

Lesson 24 공부는 하면 할수록 어려운 것 같아. ⋯⋯⋯⋯⋯⋯⋯⋯⋯⋯⋯⋯⋯⋯⋯⋯⋯⋯ 161

Listening Script ⋯⋯⋯⋯⋯⋯⋯⋯⋯⋯⋯⋯⋯⋯⋯⋯⋯⋯⋯⋯⋯⋯⋯⋯⋯⋯⋯⋯⋯⋯⋯⋯⋯⋯⋯⋯⋯ 183

저자

김대희
원광대학교 교수
고려대학교 박사(국어교육 전공)

전미현
요크대학교 교수
펜실베이니아대학교 박사(교육언어 전공)

고경록
토론토대학교 교수
오하이오주립대학교 박사(외국어교육 전공)

최유정
토론토대학교 교수
텍사스주립대학교 박사(언어학 전공)

이아롱
요크대학교 교수
위스콘신주립대학교 박사(언어학 전공)

Lesson

17

아르바이트한 지 일주일 됐어요.

대화 1

- 단어 및 표현 1
- 문법 1   -기는 -다/하다: Partial acknowledgment
- 문법 2   -어도/아도: Even if, even though
- 문법 3   -(으)ㄴ가요/나요?: Polite question
- 더 나아가기 1

대화 2

- 단어 및 표현 2
- 문법 4   -(으)ㄴ 지 [time] 되다: It has been [time] since
- 문법 5   -어/아 죽겠다: Exaggerated emotion/desire
- 문법 6   -어/아 버리다: Completion of action
- 더 나아가기 2

대화 1

단어 및 표현 1

A Choose the word that corresponds to each picture.

| 카운터 | 배달 | 서빙 | 사장 | 부자 | 서류 |

1.

2.

3.

4.

5.

6.

B Fill in the blanks with corresponding words.

한국어	영어	한국어	영어
	To start work		To strain oneself
	To be young	마스터하다	
졸리다		헤어지다	
	To be happy		To remember

C Choose the most appropriate word.

| 이후 | 마침 | 자신 | 혹시 | 늘 | 시급 | 예전 |

1. _____ 제 핸드폰 못 봤어요?
2. 저는 부모님한테 _____ 고마워요.
3. 말하기 대회에서 상을 받을 _____ 이/가 있어요.
4. _____ 에 일본어를 배웠는데 기억이 잘 안 나요.
5. 지금은 좀 바쁘고 수요일 _____ 에 영화 보는 게 어때?
6. 이번 아르바이트는 _____ 이/가 너무 적어서 다른 데를 찾고 있어요.
7. 어제 친구 집에 갔을 때 배가 고팠는데 _____ 친구가 피자를 시켰어요.

D Choose the most appropriate word.

1. _____ 좀 자.
   ① 젊으면   ② 졸리면   ③ 망하면   ④ 행복하면

2. 내일 친구가 오는데 방 좀 _____.
   ① 나와   ② 배달해   ③ 끝내   ④ 정리해

3. 아무리 피곤해도 _____ 공부할 수 있어요.
   ① 마침   ② 이후에   ③ 얼마든지   ④ 혹시

4. 저 식당은 손님이 없어서 _____.
   ① 열었어요   ② 끝냈어요   ③ 다녔어요   ④ 망했어요

5. 졸업 후에 일하고 싶으면 지금 회사에 _____.
   ① 지원하세요   ② 출근하세요   ③ 다니세요   ④ 가세요

6. 어제 일이 많아서 너무 _____. 지금 좀 피곤하네요.
   ① 슬펐어요   ② 무리했어요   ③ 망했어요   ④ 헤어졌어요

7. 학교에서 _____ 을 받으려면 열심히 공부해야 해요.
   ① 등록금   ② 시급   ③ 장학금   ④ 용돈

 **1** –기는 –다/하다: Partial acknowledgment

- 성격 personality
- 여전히 still
- 물건 item
- 실수 mistake

E Fill in the blanks with the most appropriate word using -기는.

1. 여행을 _____ 좋아하는데 자주 못 가요.
2. 그 사람은 돈이 _____ 많은데 잘 안 써요.
3. 점심을 _____ 먹었는데 벌써 배가 고파요.
4. 피아노를 _____ 배우는데 아직 잘 못 쳐요.
5. 선생님 이름을 _____ 들었는데 생각이 안 나요.
6. 그 사람은 _____ 멋있는데 성격이 별로 안 좋아요.
7. 교수님께 이메일을 _____ 썼는데 아직 안 보냈어요.
8. 남자친구하고 _____ 헤어졌는데 여전히 연락은 해요.

F Fill in the blanks with the most appropriate words using -기는 한데.

| 무겁다 | 작다 | 젊다 | 춥다 | 맛있다 | 맑다 | 자신이 있다 | 예쁘다 |

1. 날씨가 _____ 좀 더워요.
2. 이 지갑이 _____ 너무 비싸요.
3. 이 국이 _____ 좀 싱거운 거 같아요.
4. 저스틴이 _____ 나이가 많아 보여요.
5. 이 가방이 좀 _____ 디자인이 예뻐요.
6. 그 핸드백이 _____ 물건이 많이 들어가요.
7. 한국어 말하기에 _____ 실수를 가끔 해요.
8. 캐나다의 겨울 날씨가 _____ 옷을 따뜻하게 입으면 괜찮아요.

G Complete the conversations as in the example using -기는 -(으)ㄴ/는데.

지키다 to keep

예
A: 거기 날씨는 추워요?
B: 춥기는 추운데 맑아요.

1. A: 그 영화 재미있어?
   B: _____ 좀 길어.

2. A: 지금 다니는 대학교는 큰가요?
   B: _____ 캠퍼스가 안 예뻐요.

3. A: 새해 계획 세웠어요?
   B: _____ 잘 지킬 자신은 없어요.

4. A: 뉴욕에서 사진 많이 찍었어?
   B: 많이 _____ 예쁜 사진이 별로 없어.

H Complete the conversations using partial acknowledgement.

예
A: 케이팝 콘서트는 어땠어요?
B: 좋기는 좋았는데 사람이 너무 많았어요.

1. A: 그 식당 음식이 맛있어요?
   B: _____.

2. A: 할머니께서는 건강하세요?
   B: _____.

3. A: 캐나다가 엄청 아름답지요?
   B: _____.

4. A: 요즘 하와이 날씨가 덥지요?
   B: _____.

5. A: 작년 여름방학 때 한국에 갔지요?
   B: _____.

 **2** –어도/아도: Even if, even though

- 디저트 dessert
- 잘못하다 to do something wrong
- 아이스 아메리카노 iced Americano

I Complete the table using -어도/아도.

Verbs	-어도/아도	Adjectives	-어도/아도
지원하다	지원해도	멀다	멀어도
망하다		맑다	
그만두다		재미있다	
나오다	나와도	힘들다	
헤어지다		졸리다	
정리하다		행복하다	
모르다		덥다	더워도
듣다		귀엽다	
쓰다		시끄럽다	
친구다	친구라도	바쁘다	
학생이다		빠르다	

J Fill in the blanks with the most appropriate words using -어도/아도.

| 바쁘다 | 아프다 | 늦다 | 슬프다 | 생각하다 |
| 자다 | 춥다 | 많다 | 부르다 | |

1. 아무리 _____ 무리하지 마세요.
2. 숙제가 _____ 운동은 꼭 하세요.
3. 제 동생은 _____ 잘 울지 않아요.
4. 많이 _____ 아침에 졸리고 피곤해요.
5. 저는 _____ 병원에는 가기 싫어요.
6. 배가 _____ 디저트는 꼭 먹어야 해.
7. 나는 학교에 _____ 아침은 꼭 먹고 가.
8. 아무리 _____ 이번 일은 네가 잘못한 거 같아.
9. 저는 겨울에 _____ 아이스 아메리카노를 매일 마셔요.

Lesson 17 아르바이트한 지 일주일 됐어요. **13**

K Complete the conversations as in the example using 아무리 -어도/아도.

- ☐ 지저분하다 to be dirty
- ☐ 점수 score
- ☐ 찬물 cold water

예
A: 밤 12시에 왜 라면을 먹고 있어?
B: 아무리 <u>먹어도</u> 자꾸 배가 고파서요.

1. A: 방이 너무 지저분하네. 청소 좀 해.
   B: _____ 금방 지저분해져요.

2. A: 왜 이렇게 시험을 못 봤어?
   B: _____ 시험 점수가 잘 안 나와요.

3. A: 요즘 찬물을 많이 마셔서 배가 아픈 거 같아.
   B: _____ 찬물을 너무 많이 마시면 안 좋아.

4. A: 저녁 먹고 나니까 너무 졸려요.
   B: _____ 바로 자면 안 돼.

5. A: 이 아이스크림 정말 맛있어요.
   B: _____ 너무 많이 먹으면 안 돼요.

L Complete the sentences.

1. 추워도 _____ .

2. 피곤해도 _____ .

3. 아무리 생각해도 _____ .

4. 귀찮아도 _____ .

5. 배가 고파도 _____ .

6. 수업에 늦어도 _____ .

문법 3 -(으)ㄴ가요/나요?: Polite question

M Complete the table using -(으)ㄴ가요/나요.

Adjectives	-(으)ㄴ가요?	Verbs	-나요?
예쁘다	예쁜가요?	나오다	나오나요?
작다		듣다	
크다		기억하다	기억하나요?
쉽다		되다	
가깝다	가까운가요?	만들다	
멀다		굽다	
학생이다		살다	
아니다		있다	

N Match each phrase on the left with the correct ending on the right. The endings must be used multiple times.

1. 어제는 날씨가 더웠어요. •
2. 내일 아르바이트를 할 거예요. •   • -(으)ㄴ가요?
3. 할아버지는 일찍 주무세요. •
4. 여기에서 사진 찍어도 돼요. •
5. 어머니는 선생님입니다. •   • -나요?
6. 이거 얼마예요? •

O Fill in the blanks with the most appropriate words using -(으)ㄴ가요/-나요.

> 덥다   만들다   살다   재미있다   빠르다   다니다

1. 이 드라마가 _____?
2. 친구가 한국에 _____?
3. 한국의 KTX는 _____?
4. 어제 이 케이크를 직접 _____?
5. 작년 여름에 날씨가 많이 _____?
6. 내년에 졸업하면 대학원에 _____?

P Change the questions using -(으)ㄴ가요/-나요.

1. 요즘 무슨 아르바이트를 해요?
    → 요즘 무슨 아르바이트를 _____?

2. 선생님은 어떤 날씨를 좋아하세요?
    → 선생님은 어떤 날씨를 _____?

3. 내년에 한국어 수업을 들을 거예요?
    → 내년에 한국어 수업을 _____?

4. 대학교 다닐 때 뭐가 제일 재미있었어요?
    → 대학교 다닐 때 뭐가 제일 _____?

5. 한국 여행에서 뭐가 제일 기억에 남아요?
    → 한국 여행에서 뭐가 제일 기억에 _____?

Q Provide appropriate questions using -(으)ㄴ가요/-나요.

> 예 A: 인터뷰 잘 했나요?
> B: 아니요, 너무 떨려서 망쳤어요.

1. A: _____?
   B: 친구하고요.

2. A: _____?
   B: 네, 매일 통화해요.

3. A: _____?
   B: 등록금을 벌어야 해서요.

4. A: _____?
   B: 이번에는 꼭 가려고 해요.

5. A: _____?
   B: 아니요, 너무 추워서 집에 있어요.

6. A: _____?
   B: 바빠서 한 달에 한 번밖에 못 해요.

7. A: _____?
   B: 어제 너무 피곤해서 공부를 많이 못 했어요.

더 나아가기 1

☐ 공짜 for free
☐ 팬 fan

R Listen to the conversation and choose the correct answers.

1. 다음 중 맞지 <u>않는</u> 것은 무엇입니까?
   ① 남자는 한 달 전에 아르바이트를 시작했습니다.
   ② 남자는 커피숍에서 아르바이트를 합니다.
   ③ 여자는 커피숍에서 아르바이트한 적이 없습니다.
   ④ 여자는 이번 주말에 커피숍에서 아르바이트할 겁니다.

2. 남자는 이번 주말에 왜 아르바이트를 하지 못합니까?
   ① 숙제가 많아서   ② 일이 바빠서
   ③ 집에 가야 해서   ④ 부모님이 오셔서

3. 여자는 몇 시까지 커피숍에 가야 합니까?
   ① 일요일 오후 9시   ② 토요일 오후 9시
   ③ 일요일 오전 9시   ④ 토요일 오전 9시

S Listen to the conversation and choose True or False.

1. 남자는 여자하고 영화관에 가고 싶어 한다.   (T / F)
2. 남자에게 공짜 영화표가 생겼다.   (T / F)
3. 여자는 애니메이션 팬이다.   (T / F)
4. 남자하고 여자는 토요일 오후 1시에 만날 것이다.   (T / F)

T Read the following text and answer the questions.

☐ 보람 fulfilling
☐ 모으다 to save

보고 싶은 부모님께,

요즘 날씨가 많이 따뜻해졌어요. 아버지, 어머니 모두 안녕하신가요?

저는 잘 지내고 있어요. 지난달에 아르바이트를 새로 시작했어요. 편의점에서 일주일에 두 번 목요일하고 금요일에 일해요. 마침 목요일하고 금요일에는 수업이 없어요. 아무리 ㉠_____ 학교 공부도 열심히 하고 밥도 잘 먹고 있어요. 공부하고 아르바이트를 같이 하는 게 많이 ㉡_____ 보람 있어요.

알바비를 모아서 내년에 한국에 여행 가려고 해요. 한국에 가서 할아버지하고 할머니를 만나고 싶어요. 이제 조금 있으면 봄 방학이에요. 이번 봄 방학에는 아르바이트 때문에 집에 못 갈 것 같아요. 여름 방학에 갈게요. 그때까지 건강하세요.

민호 올림

1. 무엇에 대한 글입니까?

　① 부모님을 만나는 것　　　② 부모님과 여행 가는 것

　③ 아르바이트를 하는 것　　④ 봄방학 계획을 세우는 것

2. ㉠에 알맞은 것은 무엇입니까?

　① 망가져도　　　　　　　　② 바빠도

　③ 한가해도　　　　　　　　④ 추워도

3. ㉡에 알맞은 것은 무엇입니까?

　① 불편하긴 하지만　　　　② 좋긴 하지만

　③ 귀찮긴 하지만　　　　　④ 힘들긴 하지만

4. 다음 중 맞는 것은 무엇입니까?

　① 민호는 학교에 다니면서 아르바이트한다.

　② 민호는 목요일하고 토요일 오전에 일한다.

　③ 민호는 할아버지, 할머니와 같이 살려고 한다.

　④ 민호는 봄방학에 한국에 여행 가려고 한다.

대화 2

종이 paper

단어 및 표현 2

A Choose the word that corresponds to each picture.

| 자동차   용돈   파일   비밀   신문   주방 |

1.
_____

2.
_____

3.
_____

4.
_____

5.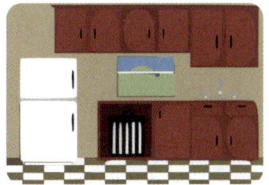
_____

6.
_____

B Choose the most appropriate expression. Conjugate the verb as needed.

| 답장   고민   월세   통하다   구독하다   광고   실수 |

1. 사람은 누구든지 _____ 을/를 합니다.

2. 요즘 _____ 이/가 많아서 밤에 잠이 잘 안 와요.

3. 요즘은 종이 신문을 _____ 사람이 별로 없어요.

4. 집주인이 _____ 을/를 올려서 돈을 더 많이 내야 해요.

5. 친구가 이메일에 _____ 을/를 안 해서 기다리고 있어요.

6. 그 친구와는 너무 잘 _____ 같이 있으면 기분이 좋아져요.

7. 이 휴대폰은 _____ 을/를 너무 많이 해서 모르는 사람이 없어요.

C Match each situation on the left with the most relevant word on the right.

☐ 마음 mind
☐ 기운 energy
☐ 지다 to lose

1. 친구 전화번호가 생각이 안 나요.   •   • 망치다
2. 친구가 내 마음을 잘 알아요.   •   • 잊다
3. 시험을 못 봤어요.   •   • 망가지다
4. 피곤해서 아무것도 하기 싫어요.   •   • 놓치다
5. 늦게 가서 버스가 떠났어요.   •   • 귀찮다
6. 컴퓨터가 고장 났어요.   •   • 통하다

D Choose the most appropriate word.

1. 형이 나를 자꾸 괴롭혀서 _____.
   ① 행복했어요   ② 짜증났어요   ③ 아팠어요   ④ 슬펐어요

2. 열심히 _____ 우리 팀이 졌어요.
   ① 사귀었지만   ② 응원했지만   ③ 광고했지만   ④ 구독했지만

3. 온타리오 호수는 _____ 바다 같아요.
   ① 혹시   ② 마침   ③ 자주   ④ 마치

4. 비행기를 _____ 오늘 출발을 못 했어요.
   ① 놓쳐서   ② 타서   ③ 예약해서   ④ 늦어서

5. _____을/를 못 받아서 요즘 돈이 없어요.
   ① 알바비   ② 등록금   ③ 월세   ④ 물가

6. 내일 시험인데 시험공부를 하나도 안 해서 _____.
   ① 잊었어요   ② 큰일 났어요   ③ 망가졌어요   ④ 다행이에요

7. 우리 집 고양이가 너무 _____ 요즘 기운이 없어요.
   ① 늙어서   ② 젊어서   ③ 바빠서   ④ 귀찮아서

8. 옆집 개가 너무 시끄럽게 _____ 우리 식구들이 잠을 못 자요.
   ① 넘어서   ② 죽어서   ③ 짖어서   ④ 지워서

문법 4 -(으)ㄴ [time] 지 되다: It has been [time] since

- 한참 long time
- 강아지 puppy

E Complete the conversations as in the example using -(으)ㄴ 지.

예
A: 요즘은 여행 안 해요?
B: <u>여행 안 한 지</u> 일 년 됐어요.

1.
A: 내일 같이 백화점에서 쇼핑할래?
B: 그래, _____ 한참 됐어.

2.
A: 요즘 학교에 안 가?
B: 학교에 _____ 한 달쯤 됐어.

3.
A: 언제 일을 다 끝냈어?
B: 일을 _____ 세 시간이나 됐어.

4.
A: 제주도에서 얼마나 살았어요?
B: 제주도에서 _____ 세 달 됐어요.

F Fill in the blanks with the most appropriate verbs using -(으)ㄴ 지.

> 일하다   졸업하다   보다   태어나다   돌아가다   먹다   시작하다

1. 한국 음식을 _____ 한참 됐어요.
2. 고등학교를 _____ 얼마나 됐어요?
3. 이 회사에서 _____ 삼 년쯤 지났어요.
4. 체육관에서 운동을 _____ 한 달 됐어요.
5. 우리 집 강아지가 _____ 하루밖에 안 됐어요.
6. 영화관에서 영화를 _____ 일 년이나 지났어요.
7. 친구가 캐나다에서 한국에 _____ 일주일밖에 안 됐어요.

G Rearrange the words to make a complete sentence.

1. 됐어요 / 얼마나 / 한국에 있는 / 통화한 지 / 친구하고

   _____ ?

2. 이십 년이나 / 미국에서 / 됐어요 / 산 지 / 벌써

   _____ .

3. 배우기 / 한국어를 / 지났어요 / 시작한 지 / 일 년

   _____ .

4. 안 됐어요 / 시작한 지 / 한 시간밖에 / 우리가 / 게임을

   _____ .

H Complete the sentences using −(으)ㄴ 지.

1. _____ 한 달 됐어요.
2. _____ 일 년 됐어요.
3. _____ 일주일 지났어요.
4. _____ 십 년이나 됐어요.
5. _____ 한 시간밖에 안 됐어요.

I Interview your classmates.

1. 데이트한 지 얼마나 됐어요?

   _____ .

2. 부모님을 만난 지 얼마나 됐어요?

   _____ .

3. 미용실에 다녀온 지 얼마나 됐어요?

   _____ .

4. 마지막으로 여행한 지 얼마나 됐어요?

   _____ .

문법 5 -어/아(서) 죽겠다: Exaggerated emotion/desire

☐ 차례 turn
☐ 젓가락질 using chopsticks

J Complete the table using -어/아(서) 죽겠다.

Adjectives	-어/아(서) 죽겠다	Adjectives	-어/아(서) 죽겠다
피곤하다	피곤해 죽겠다	좋다	
보고 싶다		귀엽다	
졸리다		덥다	
배고프다		춥다	
아프다		배부르다	

K Complete the sentences using -어/아(서) 죽겠어요.

1. A: 요즘 일이 너무 많아서 힘들지요?
   B: 네, _____.

2. A: 이제 네 차례야. 준비됐어? 안 무섭지?
   B: 처음이라서 _____.

3. A: 허리 아픈 건 좀 괜찮아졌어요?
   B: 아니요, 아직도 _____.

4. A: 많이 피곤해요?
   B: 네, _____. 빨리 자고 싶어요.

5. A: 젓가락질을 잘 못하네. 젓가락질이 어렵지?
   B: 젓가락질을 배우고 있는데 _____.

6. A: 배고프지요?
   B: 네, 하루 종일 아무것도 못 먹어서 _____.

L Fill in the blanks with the most appropriate adjectives using -어/아 죽겠어요.

- 목마르다 to be thirsty
- 내내 throughout
- 남다 to remain

| 목마르다 | 가고 싶다 | 덥다 | 힘들다 |
| 귀엽다 | 먹고 싶다 | 시끄럽다 | 답답하다 |

1. 공사 때문에 _____.
2. 물을 못 마셔서 _____.
3. 요즘 일이 많아서 _____.
4. 우리 집 강아지가 _____.
5. 에어컨이 고장 나서 _____.
6. 캠핑 간 지 오래돼서 _____.
7. 어머니가 만든 불고기를 _____.
8. 친구 이름이 생각이 안 나서 _____.

M Complete the sentences using -어/아(서) 죽겠어요.

1. 남자 친구를 _____.
2. 차가 막혀서 _____.
3. 날씨가 좋아서 _____.
4. 시험을 망쳐서 _____.
5. 할 일이 없어서 _____.

N Answer the questions using -어/아(서) 죽겠어요.

1. A: 어머, 어디 다쳤어요?
   B: _____.

2. A: 비가 일주일 내내 오네요.
   B: _____.

3. A: 지금 사는 동네가 어때요?
   B: _____.

4. A: 음식이 아직 많이 남았어요. 더 드세요.
   B: _____.

24 MY FIRST KOREAN 3 WORKBOOK

 **문법 6** –어/아 버리다: Completion of action

☐ 잃다 to lose
☐ 잊다 to forget
☐ 미리 beforehand
☐ 떨어뜨리다 to drop

O Complete the table using –어/아 버리다.

Verbs	–어/아 버리다	Verbs	–어/아 버리다
먹다		떠나다	
가다		헤어지다	
찢다		고장 나다	
마시다		치우다	
놓치다		닫다	
걸리다		쓰다	

P Match each phrase on the left with the correct ending on the right. The endings must be used multiple times.

1. 지갑을 잃다 •
2. 나무가 죽다 •
3. 비밀을 알다 •   • –어 버리다.
4. 생일을 잊다 •
5. 시험을 망치다 •   • –아 버리다.
6. 자동차를 팔다 •

Q Fill in the blanks with the most appropriate verbs using -어/아 버렸어요.

> 자르다   끊다   지우다   끝내다   망가지다   바꾸다

1. 친구가 긴 머리를 _____.
2. 여자 친구가 화가 나서 전화를 _____.
3. 동생이 제 스마트폰 비밀번호를 _____.
4. 주말에 극장에 가려고 숙제를 미리 _____.
5. 어제 휴대폰을 떨어뜨려서 휴대폰이 _____.
6. 헤어진 남자 친구의 사진과 전화번호를 모두 _____.

☐ 세게 strongly

R Answer the questions using -어/아 버리다.

1. A: 이번 주말에는 아르바이트 안 가?
   B: 너무 힘들어서 _____.

2. A: 마리아는 왜 여기 없어?
   B: 기분이 안 좋아서 먼저 _____.

3. A: 요즘 무슨 고민 있어?
   B: 응, 용돈을 다 _____ 돈이 없어.

4. A: 누가 피자를 다 먹었어?
   B: 너무 배가 고파서 내가 다 _____.

5. A: 누가 이렇게 문을 세게 닫아?
   B: 동생이 화가 나서 문을 꽝 _____.

6. A: 아이스크림 사 왔어?
   B: 어떡해. 오는 동안 아이스크림이 다 _____.

S Answer the following questions using -어/아 버렸을 때.

> 예 A: 언제 제일 짜증이 나요?
> B: 지갑을 잃어버렸을 때 제일 짜증이 나요.

1. A: 언제 제일 슬펐나요?
   B: _____.

2. A: 언제 제일 답답한가요?
   B: _____.

3. A: 언제 제일 기분이 좋은가요?
   B: _____.

4. A: 언제 스트레스를 제일 많이 받나요?
   B: _____.

더 나아가기 2

- 이유 reason
- 과외 private tutoring

T Listen to the narration and choose True or False.

1. 한국 대학생들은 아르바이트를 많이 한다. (T / F)
2. 학기 중에 방학 때보다 알바를 더 많이 한다. (T / F)
3. 아르바이트를 하는 가장 큰 이유는 등록금 때문이다. (T / F)
4. 가장 많이 하는 아르바이트는 과외이다. (T / F)

U Listen to the conversation and answer the questions.

1. 다음 중 맞지 <u>않는</u> 것은 무엇입니까?
   ① 남자는 이번 여름 방학에 식당에서 일할 겁니다.
   ② 남자는 다음 주 일요일부터 일을 합니다.
   ③ 여자는 중국에 부모님을 만나러 갈 겁니다.
   ④ 여자는 이번 여름 방학에 용돈을 벌 겁니다.

2. 남자는 왜 여름 방학에 아르바이트하려고 합니까?
   ① 부모님을 만나야 해서   ② 일이 바빠서
   ③ 용돈을 벌려고   ④ 돈을 모아야 해서

3. 여자는 어디에서 아르바이트하려고 합니까?
   ① 커피숍   ② 식당
   ③ 백화점   ④ 편의점

V Read the following text and answer the questions.

☐ 맞다 to welcome

> 오늘은 과외 첫날이었다. 내가 영어를 가르칠 학생의 이름은 박수진이다. 수진이는 초등학교 3학년인데 한국에서 캐나다에 이민 온 지 3개월밖에 안 됐다. 오늘 처음 수진이 어머니와 수진이를 만났다. 수진이 집에 조금 늦게 도착했다.
> "이민호입니다. 늦어서 죄송합니다. 이 동네가 처음이라 길을 ___㉠___."
> 수진이 어머니께서 말씀하셨다.
> "민호 학생, 어서 와요. 반가워요."
> 수진이의 어머니와 수진이가 반갑게 맞아 주었다. 수진이와 첫 수업을 시작했다.
> "선생님, 영어 때문에 ___㉡___. 친구들하고 말이 잘 안 통해요."
> 나도 10년 전에 한국에서 캐나다에 처음 왔을 때 영어 때문에 스트레스를 많이 받았다. 수진이에게 영어를 잘 가르쳐 주고 싶다. 수진이가 영어를 잘해서 친구들하고 잘 지냈으면 좋겠다.

1. 무엇에 대한 글입니까?
   ① 캐나다 이민   ② 가족 방문
   ③ 과외 아르바이트   ④ 영어 스트레스

2. 다음 중 맞지 <u>않는</u> 것은 무엇입니까?
   ① 민호는 버스를 놓쳐서 늦었다.   ② 수진이 가족은 캐나다에 살고 있다.
   ③ 수진이는 영어를 잘 못하는 편이다.   ④ 민호와 수진이는 한국에서 왔다.

3. ㉠에 알맞은 것은 무엇입니까?
   ① 가 버렸습니다   ② 잃어버렸습니다
   ③ 와 버렸습니다   ④ 잊어버렸습니다

4. ㉡에 알맞지 <u>않은</u> 것은 무엇입니까?
   ① 힘들어 죽겠어요   ② 짜증나 죽겠어요
   ③ 답답해 죽겠어요.   ④ 바빠 죽겠어요

5. 다음 빈 칸에 알맞은 말을 쓰세요.

   민호는 _____ 십 년 됐다.

Lesson
18

의사 선생님이 쉬라고 하셨어.

대화 1

- 단어 및 표현 1
- 문법 1 거나: Alternative choice
- 문법 2 –어/아 드리다: To do something for someone
- 문법 3 –지 말다: Negative command/request
- 더 나아가기 1

대화 2

- 단어 및 표현 2
- 문법 4 –다고: Indirect quotation I
- 문법 5 –(으)라고, –냐고, –자고: Indirect quotation II
- 문법 6 –(으)ㄹ 걸 그랬다: Expressing regrets
- 더 나아가기 2

대화 1

단어 및 표현 1

A Choose the word that corresponds to each picture.

상자 두통 재채기 식사 귀 동전

1.

2.

3.

4.

5.

6.

B Fill in the blanks with corresponding words.

한국어	영어	한국어	영어
	To prescribe		To become swollen
	To go viral	주사를 맞다	
낫다			To suit, fit
	To review	들다	

C **Choose the most appropriate word.**

> 어버이날   상관없이   기사   당분간   곡   앞머리   푹

- 빨리하다 to hasten
- 중급 intermediate level
- 점점 gradually
- 생각이 나다 to come to mind

1. 어제 미용실에 가서 _____ 을/를 잘랐어요.
2. 몸이 안 좋아서 _____ 집에서 쉬려고 해요.
3. 저는 전공과 _____ 듣고 싶은 수업을 들어요.
4. 한국에서는 _____ 에 부모님께 카네이션을 드려요.
5. 오늘 중요한 시험이 끝나서 오늘밤에는 _____ 잘 거예요.
6. 친구들하고 노래방에 가면 노래를 열 _____ 정도 부르는 것 같아요.
7. 택시 _____ 아저씨가 운전을 빨리 해서 약속 장소에 일찍 도착했어요.

D **Choose the most appropriate word.**

1. A: 목소리가 왜 그래? 감기에 걸렸어?
   B: 응, 목이 좀 _____.
   ① 맞았어   ② 났어   ③ 부었어   ④ 약했어

2. A: 중급 한국어 공부하는 거 어때요?
   B: 공부가 재미있기는 한데 _____ 이/가 점점 어려워져요.
   ① 문법   ② 이유   ③ 복습   ④ 생각

3. A: 동생이 몇 살이에요?
   B: 다섯 살이에요. 저보다 열다섯 살이나 _____.
   ① 어려요   ② 젊어요   ③ 늙어요   ④ 높아요

4. A: 작년에 한국에서 공부했지요?
   B: 네, 다녀온 지 일 년이나 지났는데 _____ 생각이 많이 나요.
   ① 언제   ② 일단   ③ 당분간   ④ 지금도

5. A: 머리가 너무 아프네요. 저는 좀 쉬어야겠어요.
   B: 그래요. _____ 도 한번 재 보세요. 열이 나면 약을 드세요.
   ① 처방   ② 체온   ③ 콧물   ④ 두통

문법 1 -거나: Alternative choice

- 소화제 digestive medicine
- 휴게소 rest area

E Complete the conversations with the words in the box using -거나.

> 외식하다   졸리다   산책하다   붓다   구경하다   짜증나다

1. A: _____ 화가 나면 어떻게 해요?
   B: 저는 그냥 자요.

2. A: 목이 _____ 콧물이 나면 어떻게 하세요?
   B: 저는 생강차를 마시고 푹 쉬어요.

3. A: 여행을 가면 보통 뭐 하세요?
   B: 박물관을 _____ 유명한 식당을 찾아다녀요.

4. A: 과식해서 소화가 잘 안 될 때는 어떻게 해요?
   B: 집 근처 공원을 _____ 소화제를 먹어요.

5. A: 운전할 때 너무 _____ 피곤하면 어떻게 하세요?
   B: 휴게소에서 잠깐 쉬거나 커피를 마셔요.

6. A: 오늘 엄마 기분이 안 좋아 보여요.
   B: 그럼, 엄마하고 같이 _____ 영화를 보는 건 어때?

F Answer the following questions using -거나/(이)나.

1. A: 새해 첫날에 주로 뭐 해요?
   B: _____.

2. A: 친구랑 보통 뭐 하고 노니?
   B: _____.

3. A: 시험 보기 전에 주로 뭐 하세요?
   B: _____.

4. A: 주말에 주로 뭐 하면서 보내나요?
   B: _____.

5. A: 대학에서 무엇을 전공하고 싶습니까?
   B: _____.

6. A: 무슨 TV 프로그램을 자주 보는 편이야?
   B: _____.

Lesson 18 의사 선생님이 쉬라고 하셨어.

G Complete the conversations using -거나 as shown in the example.

예
A: 제니퍼 씨는 주말에 주로 뭐 해요?
B: 저는 테니스를 치거나 수영을 해요.

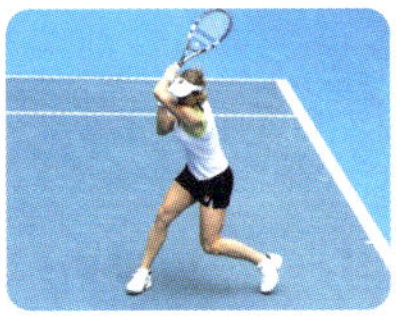

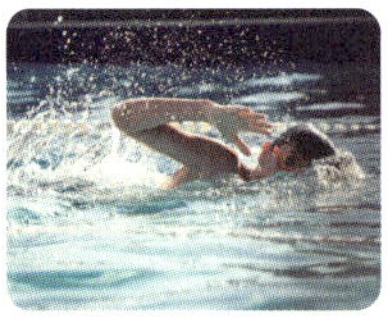

1. A: 아침에 보통 뭐 먹니?
   B: _____.

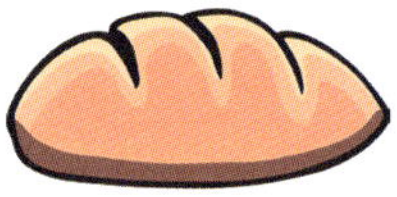

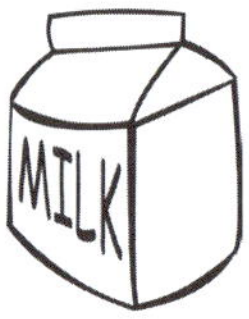

2. A: 주말에 뭐 할 거예요?
   B: _____.

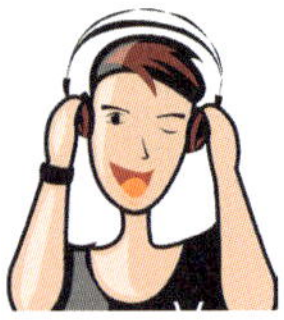

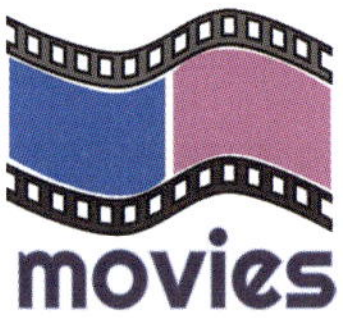

3. A: 이 문법을 잘 모르겠어요.
   B: _____.

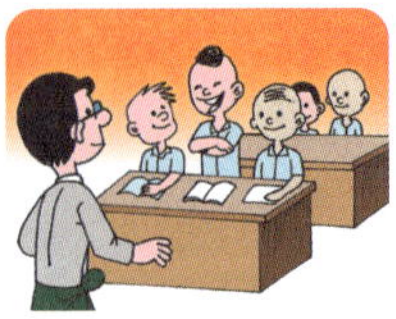

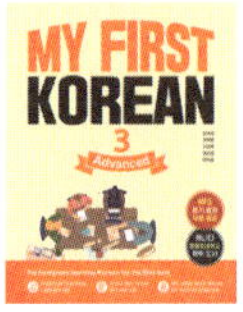

4. A: 너무 피곤한데 저녁 어떻게 할까?
   B: _____.

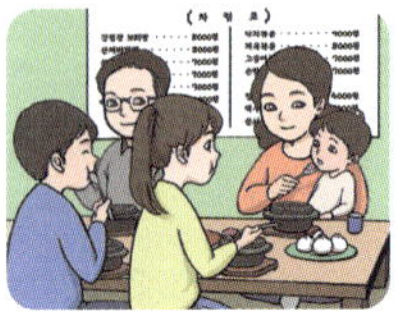

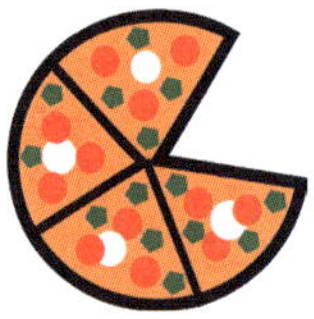

5. A: 스트레스 받을 때 어떻게 푸세요?
   B: _____.

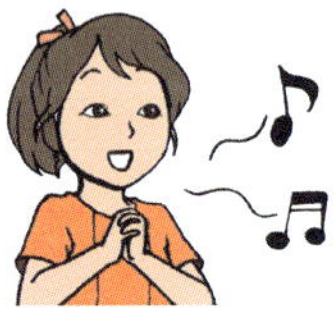

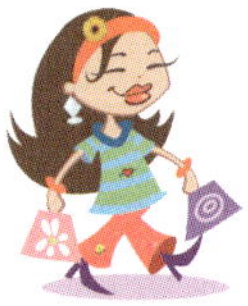

6. A: 이번 주말에 날씨가 좋으면 뭐 할래?
   B: _____.

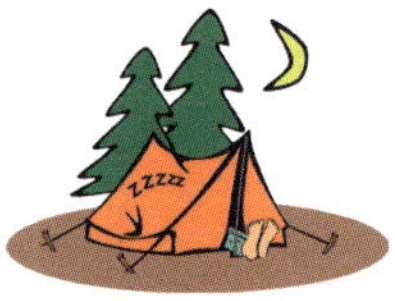

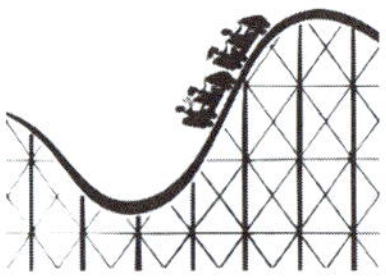

7. A: 고등학교 친구들과는 어떻게 연락하나요?
   B: _____.

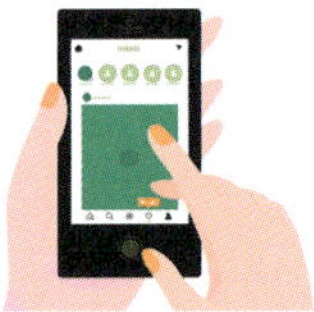

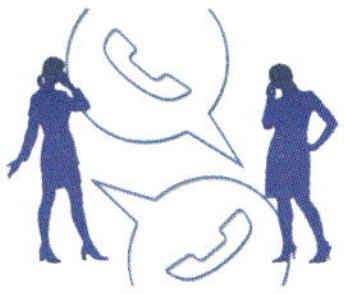

문법 2 -어/아 드리다: To do something for someone

- 갖다주다 to bring
- 돌려주다 to return
- 치우다 to clear
- 주소 address
- 알리다 to inform
- 올리다 to put up
- 승무원 flight attendant
- 동료 colleague

H Complete the conversations using -어/아 드릴게요.

1. 할머니: 유미야, 물 한 잔 갖다줄래?
   유미: 네, _____.

2. 진우: 존슨 씨, 교과서 좀 빌려 줄 수 있어요?
   존슨: 네, _____. 내일까지 돌려주세요.

3. 손님: 저기요, 여기 테이블 좀 치워 주시겠어요?
   종업원: 네, 금방 _____.

4. 조셉: 여보세요? 여기 피자 하나 배달해 주실래요?
   식당: 네, _____. 주소 좀 알려 주세요.

5. 손님: [비행기에서] 저기요, 제 가방 좀 올려 주시겠어요?
   승무원: 네, _____.

I Complete the conversations for each situation using -어/아 드릴까요.

1. [Situation: 밖에 비가 오는데 동료가 우산이 없을 때]
   나: 제가 우산이 두 개 있는데 하나 _____?
   동료: 네, 감사합니다.

2. [Situation: 룸메이트가 파티를 했는데 설거지할 게 너무 많을 때]
   나: 설거지할 게 너무 많네요. 제가 좀 _____?
   룸메이트: 정말요? 그럼 너무 고맙죠.

3. [Situation: 선생님이 책을 너무 많이 들고 계실 때]
   나: 선생님, 책이 너무 무거워 보여요. 제가 좀 _____?
   선생님: 괜찮아요. 혼자 들 만해요. 고마워요.

4. [Situation: 사무실에서 동료를 찾는 전화를 받았을 때]
   나: 여보세요?
   수잔: 여보세요? 마이클 씨 좀 부탁합니다.
   나: 마이클 씨는 지금 안 계시는데 메모를 _____?

5. [Situation: 한국어 수업을 듣는 학생이 한국 친구를 사귀고 싶어 할 때]
   친구: 다니엘 씨는 한국 친구 많죠? 저도 한국 친구가 있었으면 좋겠어요.
   다니엘: 그래요? 제가 아는 한국 친구들을 _____?

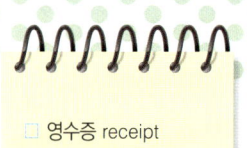
☐ 영수증 receipt

J Choose the correct form for each sentence.

1. 점원: 손님, 무엇을 도와 (주나요 / 주실까요 / 드릴까요)?
   다니엘: 한국어 교과서 좀 찾아 (줬어요 / 주시겠어요 / 드릴게요)?

2. 리사: 제가 이메일로 보내 (주신 / 드린 / 드리신) 서류 받으셨죠?
   에밀리: 네, 보내 (주신 / 드린 / 드리신) 서류 잘 받았어요.

3. 손님: 여기요, 반찬 좀 더 갖다 (주셨어요 / 주실래요 / 드리세요)?
   종업원: 네, 바로 갖다 (줍니다 / 드렸습니다 / 드리겠습니다).

4. 진우: 비비안 씨, 냉면 좀 잘라 (주실까요 / 드리실까요 / 드릴까요)?
   비비안: 네, 좀 잘라 (주세요 / 드리세요 / 드릴게요). 고마워요!

5. 선생님: 민호 씨, 전화번호 좀 가르쳐 (주세요 / 드리세요 / 드릴게요).
   민호: 네, 문자로 보내 (주세요 / 드리세요 / 드릴게요).

6. 은영: 쿠키 정말 맛있다. 어머니께서 만들어 (준 / 주신 / 드린) 거야?
   윤경: 아니, 내가 만들었어. 맛있으면 더 만들어 (줄게 / 주실게 / 드릴게).

K Complete the sentences with the words from the box using -어/아 드리다 combined with other endings.

> 만들다   보여 주다   교환하다   보내다   가르치다

1. 할머니께 문자 보내는 방법을 _____ 게 어때?
2. 우진 씨, 미안하지만 숙제는 _____ 수 없어요.
3. 선생님, 이메일 답장을 늦게 _____ 죄송합니다.
4. 손님, 영수증이 없으면 이 옷은 _____ 수 없습니다.
5. 어머니한테 음식을 자주 _____ 못해서 오늘 해 드리려고 해요.

L List what you plan to do for your parents or elders on their birthdays using -어/아 드리려고 해요.

1. 집에서 _____.
2. 선물로 _____.
3. 여행을 _____.
4. 그날 하루는 _____.

문법 3 −지 말다: Negative command/request

☐ 쓰레기 trash

M Complete the table using -지 말고 and -지 마세요.

Verbs	-지 말고	-지 마세요
떠들다	떠들지 말고	떠들지 마세요
노래하다		
들어가다		
책에 쓰다		
뛰어다니다		
음식을 가져오다		
음악을 듣다		

N Write the warning signs based on the pictures using -지 마세요.

| 예 | 개를 데려오지 마세요. |

1.  _____.

2.  _____.

3. _____.

4.  _____.

O Complete the sentences with the words from the box using -지 말고.

> 요리하다   늦다   운전하다   가입하다   타다   무리하다   기다리다

1. 술 마셨으니까 _____ 택시 타.
2. 감기 걸렸으니까 _____ 푹 쉬어.
3. 오늘 늦을 거니까 _____ 먼저 자.
4. 약국이 가까우니까 버스 _____ 걸어가자.
5. 아무 동아리에 _____ 잘 생각해서 들어가.
6. 다음부터는 수업 시간에 _____ 일찍 오세요.
7. 피곤하니까 오늘 저녁은 _____ 피자 시켜 먹자.

P Complete the sentences using -지 마.

> 예) 아무리 바빠도 내 생일 잊지 마.

1. 아무리 피곤해도 _____.
2. 아무리 화가 나도 _____.
3. 아무리 배가 고파도 _____.
4. 아무리 시험이 많아도 _____.
5. 헤어진 여자 친구가 보고 싶어도 _____.

Q Change the structure of the sentences using -지 말고.

> 예) 오늘 말고 내일 가자. → 오늘 가지 말고 내일 가자.

1. 전화 말고 문자 해.
   → _____.
2. 수영 말고 요가를 배우는 건 어때?
   → _____.
3. 엘리베이터 말고 계단으로 올라가자.
   → _____.

더 나아가기 1

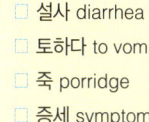

☐ 설사 diarrhea
☐ 토하다 to vomit
☐ 죽 porridge
☐ 증세 symptom

R Listen to the conversation and choose the correct answers.

1. 남자가 고기를 먹고 나서 생긴 일이 <u>아닌</u> 것은 무엇입니까?
   ① 배가 아팠다.   ② 설사를 했다.
   ③ 토했다.   ④ 두통이 있다.

2. 남자가 오늘 먹어도 되는 음식은 무엇입니까?
   ① 죽   ② 밥
   ③ 커피   ④ 없다

S Listen to the conversation and choose the correct answers.

1. 여자의 증세를 모두 고르세요.
   ① 기침을 한다.   ② 목이 아프다.
   ③ 머리가 아프다.   ④ 열이 난다.

2. 여자는 왜 약사에게 다른 약을 달라고 했나요?
   ① 목이 많이 아파서   ② 약이 너무 비싸서
   ③ 안 졸리는 약을 먹으려고   ④ 잘 낫지 않는 약이라서

3. 약을 먹어도 계속 기침을 하면 여자는 어떻게 해야 합니까?
   ① 병원에 가야 한다.
   ② 일하지 말고 푹 쉬어야 한다.
   ③ 졸리는 약을 처방 받아야 한다.
   ④ 일주일 동안 약을 먹어야 한다.

T Read the following text and answer the questions.

- 발목 ankle
- 삐다 to sprain
- 한의원 oriental medical clinic
- 침을 놓다 to apply acupuncture
- 움직이다 to move
- 이틀 two days
- 점 point
- 글쓴이 author

지난 주말에 동아리 친구들과 등산을 갔는데 산에서 발목을 삐었다. 발목이 빨리 낫지 않아서 병원에 가려고 했는데 친구 수영이가 말했다.
"병원에 가지 말고 한의원에 가 볼래? 우리 엄마가 자주 다니시는 한의원이 있어. 내가 같이 가 줄게."
오늘 오후에 수영이와 함께 한의원에 갔다. 한의사 선생님이 말했다.
"발목이 많이 부었네요. 침을 좀 놓아 드릴게요."
40분 동안 침대에 누워서 침을 맞았다. 침은 생각보다 아프지 않았다. 침을 다 맞은 다음에 한의사 선생님이 말했다.
"오늘 하루는 침 맞은 곳은 씻지 마세요. 그리고 당분간은 발목을 움직이지 않는 게 좋아요. 이틀 후에 한 번 더 오세요."
침이 많이 아프지는 않았지만 또 맞고 싶지는 않다. _____㉠_____.

1. 무엇에 대한 글입니까?
   ① 등산할 때 조심해야 할 점　　② 처음 한의원에 간 경험
   ③ 침이 별로 안 아픈 이유　　　④ 발목을 다치지 않는 방법

2. 다음 중 글쓴이에 대해 맞는 것은 무엇입니까?
   ① 한의원을 여러 번 가 봤다.　　② 친구 어머니가 한의사이다.
   ③ 침 맞는 것을 별로 좋아하지 않는다.　　④ 3일 후에 한의원에 다시 가야 한다.

3. ㉠에 들어갈 알맞은 말은 무엇입니까?
   ① 발목이 빨리 나았으면 좋겠다　　② 한의원에 다시 가면 좋겠다
   ③ 등산 말고 수영을 하면 좋겠다　　④ 빨리 발을 씻었으면 좋겠다

U Provide things to do for each situation using -거나/(이)나.

1. Q: 감기에 걸렸을 때 뭐가 좋아요?
   A: _____.

2. Q: 몸이 안 좋을 때 어떻게 하세요?
   A: _____.

3. Q: 요즘 어디에서 운동하세요?
   A: _____.

대화 2

단어 및 표현 2

- 배우 actor
- 독감 flu
- 바로 exactly
- 갖다/가지다 to own

A Choose the word that corresponds to each picture.

| 과일 | 반팔 | 화장품 | 담배 | 약사 | 얼굴 |

1. _____
2. _____
3. _____
4. _____
5. _____
6. _____

B Choose the most appropriate expression. Conjugate the verbs and adjectives.

| 직접 | 생기다 | 독하다 | 뿌듯하다 | 며칠 | 주인공 | 당장 | 피부 |

1. 제가 쓴 글이 책으로 나와서 무척 _____.
2. 저 배우는 _____ 이/가 아주 좋아 보여요.
3. 독감에 걸려서 _____ 동안 집에만 있었어요.
4. 제가 _____ 만든 케이크예요. 맛있게 드세요.
5. 오늘은 네 생일이니까 파티의 _____ 은/는 바로 너야.
6. 우리 집 근처에 큰 쇼핑몰이 새로 _____. 같이 가 볼래요?
7. 이번 감기는 너무 _____ 것 같아요. 약을 먹어도 잘 낫지 않아요.
8. 친구에게 _____ 필요한 것보다 친구가 갖고 싶어 하는 것을 선물해 보세요.

C Match each situation on the left with the most appropriate expression on the right.

- 젖다 to get wet
- 모기 mosquito
- 물다 to bite
- 달걀/계란 egg

1. 음식을 너무 많이 먹었어요. • • 몸조리했어요.
2. 두통이 있고 기침도 해요. • • 끊었어요.
3. 감기에 걸려서 집에서 푹 쉬었어요. • • 과식했어요.
4. 친구가 숙제도 도와주고 음식도 해 줘요. • • 물어봤어요.
5. 담배를 안 피운 지 2년이 지났어요. • • 몸이 안 좋아요.
6. 모르는 문법에 대해서 질문했어요. • • 잘해 줘요.

D Choose the most appropriate word for each blank.

1. _____ 에 가서 두통약을 샀다.
   ① 병원   ② 약국   ③ 회사   ④ 마을

2. _____ 비가 와서 옷이 다 젖었어요.
   ① 일단   ② 당분간   ③ 나중에   ④ 갑자기

3. 모기가 손가락을 물었어요. _____ 죽겠어요.
   ① 뿌듯해   ② 가려워   ③ 괴롭혀   ④ 답답해

4. 수지는 아기_____ 깨끗한 피부를 가지고 싶어 한다.
   ① 에 대해서   ② 에게   ③ 처럼   ④ 으로

5. 다니엘 씨는 독일에서 왔어요. _____ 이/가 베를린이에요.
   ① 고향   ② 지역   ③ 문화   ④ 장소

6. 뷔페 음식이 너무 맛있어서 과식했어요. _____ 것 같아요.
   ① 소화가 안 되는   ② 열이 나는   ③ 콧물이 나는   ④ 배가 부은

7. 달걀 프라이를 할 때 먼저 프라이팬에 _____ 을/를 넣어요.
   ① 소금   ② 올리브유   ③ 돼지고기   ④ 과일

8. 요즘 감기가 유행이에요. 병원에 _____ 이/가 많아진 것 같아요.
   ① 약사   ② 간호사   ③ 환자   ④ 의사

문법 4 –다고: Indirect quotation I

E Complete the table using indirect quotation forms.

Verbs/Adjectives	Present	Past	Future/Probability
크다	크다고	컸다고	클 거라고
재미있다		재미있었다고	
가렵다	가렵다고		
멀다			
독하다			독할 거라고
끊다		끊었다고	
되다			
몸조리하다	몸조리한다고		
듣다			
묻다			
붓다	붓는다고		
친구이다			친구일 거라고
아니다		아니었다고	

F Change the following sentences into indirect quotations as in the example.

> 예) 수미: 제 방은 깨끗해요.
> → 수미가 자기 방은 <u>깨끗하다고</u> 했어요.

1. 민수: 오늘 너무 피곤해.
   → 민수가 오늘 너무 _____ 했어요.

2. 마이크: 집에서 병원까지 가까워요.
   → 마이크가 집에서 병원까지 _____ 했어요.

3. 선생님: 말하기 시험은 쉬울 거예요.
   → 선생님께서 말하기 시험은 _____ 하셨어요.

4. 제니: 퇴근 시간에는 지하철이 빨라요.
   → 제니가 퇴근 시간에는 지하철이 _____ 했어요.

5. 마리아: 토니가 해 준 음식이 너무 맛있었어요.
   → 마리아가 토니가 해 준 음식이 너무 _____ 했어요.

G Change the direct quotations into indirect quotations as in the example.

☐ 프로필 profile
☐ 싸우다 to fight

> 예 노노카가 "저는 노래 부르는 걸 아주 좋아해요."라고 했어요.
> → 노노카는 노래 부르는 걸 아주 좋아한다고 했어요.

1. 모하메드가 "제가 나중에 전화할게요."라고 말했어요.
   → 모하메드가 나중에 _____ 했어요.
2. 웬디가 "지금 길에서 차가 고장 났어요."라고 했어요.
   → 웬디가 지금 길에서 차가 _____ 했어요.
3. 코리가 "지금 프로필에 올릴 사진 찍어."라고 했어요.
   → 코리는 지금 프로필에 올릴 사진을 _____ 했어요.
4. 앤디가 "이번 학기에 경제학 수업을 들어요."라고 그랬어요.
   → 앤디가 이번 학기에 경제학 수업을 _____ 했어요.
5. 윌리엄이 "제가 요즘 읽고 있는 책은 한국 소설책이에요."라고 했어요.
   → 윌리엄이 요즘 읽고 있는 책은 _____ 했어요.
6. 조이가 "아르바이트 때문에 오늘 약속에 늦을 거예요."라고 했어요.
   → 조이가 아르바이트 때문에 오늘 약속에 _____ 했어요.

H Complete the conversations using -다고 해요 as in the example.

> 예 A: 이 집 삼계탕 먹어 봤어요?
> B: 아니요, 그렇지만 먹어 본 친구들이 맛있다고 해요.

1. A: 카드에 뭐라고 썼어요?
   B: 카드에 _____.
2. A: 수정 씨는 요즘 어떻게 지내요?
   B: 수정 씨는 _____.
3. A: 뉴스에서 내일 날씨가 어떻다고 해요?
   B: 내일은 _____.
4. A: 이 김치는 저희 엄마가 만드신 거예요. 집에 가져가서 드세요.
   B: 정말요? 어머니께 _____.
5. A: 준수 씨는 여자 친구하고 헤어졌나요? 둘이 자주 싸웠잖아요.
   B: 아니요, _____.

문법 5 -(으)라고, -냐고, -자고: Indirect quotation II

- 밥그릇 rice bowl
- 아내 wife
- 여보 honey (address term)
- 음식물 쓰레기 organic waste

I Complete the table using indirect quotation forms.

Verbs/Adjectives	-(으)라고	-냐고	-었/았냐고	-자고
앉다	앉으라고	앉냐고	앉았냐고	앉자고
키우다				
듣다				
들다				
자르다				
물어보다				
시작하다				
바쁘다	–			–
지겹다	–			–
맛있다	–			–
친구이다	–			
아니다	–			–

J Change the following sentences into indirect quotations as in the example.

> 예 엄마: 아들아, TV 그만 보고 공부 좀 해라.
> → 엄마가 TV 그만 보고 공부 좀 <u>하라고</u> 하셨다.

1. 누나: 밥그릇을 들고 먹지 마.
   → 누나가 밥그릇을 _____ 했다.
2. 직원: 여기에 주차하지 마세요.
   → 직원이 여기에 _____ 했다.
3. 의사: 매일 운동을 하세요.
   → 의사 선생님이 매일 _____ 하셨다.
4. 아빠: 동생하고 좀 놀아 줘.
   → 아빠가 동생하고 좀 _____ 부탁하셨다.
5. 아내: 여보, 음식물 쓰레기 좀 버려 줘.
   → 아내가 음식물 쓰레기 좀 _____ 했다.
6. 엄마: 오늘 비가 온다고 했으니까 우산 가져가.
   → 엄마가 오늘 비 온다고 우산 _____ 하셨다.

K Change the following sentences into indirect quotations as in the example.

> 예 에릭: 혜미 씨, 우리 결혼합시다.
> → 에릭 씨가 혜미 씨한테 <u>결혼하자고</u> 했다.

1. 민수: 이번 주말에는 등산 가지 맙시다.
   → 민수가 이번 주말에는 _____ 했다.

2. 미라: 내일 테니스 같이 쳐요.
   → 미라 씨가 내일 테니스 같이 _____ 했다.

3. 민경: 우리 매일 같이 운동할까요?
   → 민경이가 나한테 매일 같이 _____ 했다.

4. 태형: 배가 너무 부르니까 좀 걸읍시다.
   → 태형이가 배가 너무 부르니까 좀 _____ 했다.

5. 영현: 저녁에 학교 앞 식당에서 모이자.
   → 영현이가 저녁에 학교 앞 식당에서 _____ 했다.

6. 연희: 날씨가 좋으니까 가까운 곳에 놀러 갑시다.
   → 연희가 날씨가 좋으니까 가까운 곳에 _____ 했다.

L Change the following sentences into indirect quotations as in the example.

> 예 진주: 방금 뉴스 들었어요?
> → 진주 씨가 뉴스를 <u>들었냐고</u> 물어봤어요.

1. 주디: 생일 파티를 어디서 해?
   → 주디가 생일 파티를 _____ 물었어요.

2. 마이크: 언제 한국에 돌아가요?
   → 마이크 씨가 언제 한국에 _____ 물었어요.

3. 효리: 남자 친구 생일 선물로 뭘 줬어?
   → 효리가 남자 친구 생일 선물로 뭘 _____ 물었어요.

4. 준기: 다음 주에 새 컴퓨터를 살 거예요?
   → 준기 씨가 다음 주에 새 컴퓨터를 _____ 물었어요.

5. 제시: 지금 지하철을 타고 가는 게 빠를까?
   → 제시가 지금 지하철을 타고 가는 게 _____ 물었어요.

문법 6 -(으)ㄹ 걸 그랬다: Expressing regrets

남다 to be left (over)

M Complete the table using -(으)ㄹ 걸 그랬다.

Verbs	-(으)ㄹ 걸 그랬다	Verbs	-(으)ㄹ 걸 그랬다
준비하다	준비할 걸 그랬다	쓰다	
데려오다		놀다	
입다		찾아보다	
듣다		눕다	
만들다		부르다	

N Complete the conversations with the most appropriate word in the box using -(으)ㄹ 걸 그랬어요.

> 신다   타다   시키다   공부하다   듣다   먹다

1. A: 시험 잘 봤어요?
   B: 망친 거 같아요. 더 열심히 _____.
2. A: 다니엘 씨, 감자탕 어때요?
   B: 너무 맵고 짜요. 다른 거 _____.
3. A: 이번 학기 수업 어때요?
   B: 여섯 과목이나 들어서 힘들어요. 네 과목만 _____.
4. A: 음식을 너무 많이 시켜서 남았어요.
   B: 그러네요. 음식을 조금만 _____.
5. A: 수진 씨, 오늘 예쁜 구두 신으셨네요.
   B: 근데 좀 불편해요. 그냥 편한 신발 _____.
6. A: 금요일 저녁이라서 길이 너무 많이 막히네요.
   B: 네, 운전하지 말고 지하철 _____.

O Complete the sentences using -지 말 걸 그랬다.

> 예) 여자 친구한테 전화했는데 아직도 화가 나 있었다. <u>전화하지 말 걸 그랬다</u>.

1. 숙제를 다 못 했다. 어제 게임을 _____.
2. 영화가 너무 재미없었다. 그 영화를 _____.
3. 달걀을 샀는데 엄마도 달걀을 사 오셨다. 달걀을 _____.
4. 커피를 많이 마셔서 잠이 안 온다. 저녁에 커피를 _____.

Lesson 18 의사 선생님이 쉬라고 하셨어. 47

P Express the regrets for each situation using −(으)ㄹ 걸 그랬다.

1. [Situation: 공항에 늦게 도착해서 비행기를 놓쳤다.]
   _____.

2. [Situation: 학교 축제에 안 갔는데 아주 재미있었다고 한다.]
   _____.

3. [Situation: 저녁을 준비했는데 룸메이트가 저녁을 먹고 들어왔다.]
   _____.

4. [Situation: 인터넷에서 코트를 샀는데 입어 보니까 너무 크다.]
   _____.

5. [Situation: 새로 생긴 피자집에서 피자를 시켰는데 별로 맛이 없었다.]
   _____.

6. [Situation: 한국에 배로 보낸 물건이 두 달이 지나도 도착하지 않았다.]
   _____.

 축제 festival

Q Express your regrets for each time period using −(으)ㄹ 걸 그랬다.

1. 지난여름에 _____.
2. 대학교 1학년 때 _____.
3. 작년 크리스마스에 _____.
4. 고등학교 때 친구들하고 _____.

R Translate the following sentences using −(으)ㄹ 걸 그랬다 or -지 말 걸 그랬다.

1. I shouldn't have bought the concert ticket.
   _____.

2. I shouldn't have gone camping last weekend.
   _____.

3. I should have brought an umbrella to school today.
   _____.

4. I should have started working out a little bit earlier.
   _____.

더 나아가기 2

- ☐ 후회하다 to regret
- ☐ 맞추다 to adjust, match
- ☐ 외우다 to memorize

S Listen to the conversation and fill in the blanks using indirect quotation.

> 민호는 제니에게 주말에 시간이 있으면 영화를 같이 보자고 했어요. 제니는 좋다고 했어요. 그리고 민호에게 무슨 영화를 1. _____ 물어봤어요. 민호는 코미디 영화를 자주 2. _____ 했어요. 제니도 코미디 영화가 좋다고 했어요. 제니는 영화를 본 다음에 같이 저녁을 3. _____ 했어요. 그래서 민호도 그러자고 했어요. 그리고 제니한테 어떤 음식을 먹고 싶냐고 물어봤어요. 제니는 태국 음식을 먹었으면 좋겠다고 말했어요. 민호는 그럼 영화 보고 태국 식당에 가자고 했어요. 그리고 지금 바로 4. _____ 했어요.

T Listen to the conversation and answer the questions.

1. 다니엘은 무엇을 후회합니까?
   - ① 인터넷으로 컴퓨터를 산 것
   - ② 세일하기 전에 컴퓨터를 산 것
   - ③ 고장이 나는 컴퓨터를 산 것
   - ④ 고객 센터에 전화하지 않은 것

2. Change the following sentence to direct quotation.

   > 고객 센터에서 세일 가격으로 맞춰 준다고 해요.
   > → 고객 센터 상담원: "세일 가격으로 _____."

U What are the requests that your teacher or parents/elders most frequently ask you to do? Talk with your classmates using -(으)라고 하셨어요.

> 예 선생님이 단어를 외우라고 하셨어요.

1. _____ .
2. _____ .

Lesson 18 의사 선생님이 쉬라고 하셨어. 49

Ⅴ **Read the following text and answer the questions.**

> 　　　　　　　　　　　　　　　　　
>
> 　　모든 사람들은 건강하게 오래 살고 싶어 한다. 그러기 위해서는 건강한 생활 습관을 가지는 것이 중요하다. 많은 의사들은 ㉠"운동을 열심히 하고 잠을 잘 자야 합니다."라고 한다. 그리고 ㉡"과식이나 과음하지 마세요."라고도 한다. 담배를 피우는 사람은 당장 담배를 끊으라고 한다. 스트레스를 많이 받지 않는 것도 중요하지만 스트레스를 받았을 때 잘 풀 수 있는 방법을 찾는 것이 좋다. 그리고 친한 친구들, 가족들과 즐거운 시간을 보내는 것도 건강에 도움이 된다. 나이가 들어서 "젊을 때 그렇게 하지 말 걸."하고 후회하지 말고 젊을 때부터 건강을 지켜야 한다.

☐ -기 위해서 so as to do ...
☐ 습관 habit
☐ 과음 excessive drinking
☐ 도움이 되다 to be helpful
☐ 나이가 들다 to get aged
☐ 후회 regret
☐ 지키다 to keep
☐ 제목 title

1. 이 글의 제목으로 알맞은 것은 무엇입니까?
   ① 운동을 해야 하는 이유　　　② 스트레스 푸는 법
   ③ 나이 든 사람의 후회　　　　④ 건강한 생활 습관

2. 다음 중 건강에 도움이 되는 습관이 <u>아닌</u> 것은 무엇입니까?
   ① 술을 너무 많이 마시지 않는 것　　② 스트레스를 잘 푸는 것
   ③ 사람들을 많이 만나지 않는 것　　④ 담배를 안 피우는 것

3. Change ㉠ and ㉡ into indirect quotation.
   ㉠: 많은 의사들이 _____ 한다.
   ㉡: 또 의사들은 _____ 한다.

4. Write your regret as in the example.

   > 예 담배를 빨리 끊을 걸 그랬다.

   1. _____ .
   2. _____ .
   3. _____ .

Lesson
19

이사하느라고 바빴어요.

대화 1

- 단어 및 표현 1
- 문법 1 –느라고: Giving reason for negative consequence
- 문법 2 –던: Recollection of memory
- 문법 3 –는 길에: On the way to
- 더 나아가기 1

대화 2

- 단어 및 표현 2
- 문법 4 –대요/래요: Contraction of indirection quotation
- 문법 5 –게 되다: Expressing change of situation
- 문법 6 –(으)ㄴ/는지 알다/모르다: Indirect question/statement
- 더 나아가기 2

대화 1

단어 및 표현 1

A Choose the word that corresponds to each picture.

> 회의   세탁기   거리   이삿짐   옷장   잡지

1. _____
2. _____
3. _____
4. _____
5. _____
6. _____

B Match the phrase on the left with the most appropriate ending on the right to complete a sentence.

1. 창문이 커서 방이 •   • 정리해요.

2. 월세에 전기세가 •   • 밝아요.

3. 새집에서 이삿짐을 •   • 반납하세요.

4. 오늘 날씨가 •   • 부치세요.

5. 우체국에서 편지를 •   • 포함돼요.

6. 도서관에 책을 •   • 쌀쌀해요.

C Fill in the blanks with corresponding words.

한국어	영어	한국어	영어
	to be changed		to have a hard time
	almost	내내	
공기		반납하다	
	distance		to be angry
들르다			to build

뵈다 to see (humble form)
달걀 egg
비비다 to mix
어둡다 to be dark
기계 machine
기사 article

D Choose the most appropriate words from the box. Conjugate verbs in plain style.

> 다녀오다   반지하   남향   정신이 없다   전기세   콩나물

1. 우리 집은 _____(이)라서 집이 밝은 편이다.
2. 지난달에는 _____(이/가 생각보다 많이 나왔다.
3. 나는 지난 주말에 부모님을 뵈러 고향에 _____.
4. 어제는 일이 너무 많아서 _____. 약속이 있는 것도 잊어버렸다.
5. 나는 비빔밥에 고추장, 달걀 프라이, _____을/를 넣고 비벼 먹었다.
6. 내가 사는 곳은 월세는 싸지만 _____(이)라서 방이 좀 어두운 편이다.

E Choose the words from the box that match the definitions.

> 환하다   화나다   세탁기   회의   잡지   내내

1. _____ : 빨래하는 기계
2. _____ : 기분이 나빠지다
3. _____ : 햇빛이 들어와서 밝다
4. _____ : 처음부터 끝까지 계속해서
5. _____ : 여러 가지 기사, 광고, 사진이 들어 있는 책
6. _____ : 회사에서 다른 사람들과 모여서 이야기하는 것

문법 1 −느라고: Giving a reason for negative consequence

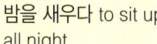 밤을 새우다 to sit up all night

F Complete the table using −느라고.

Verbs	−느라고	Verbs	−느라고
자다	자느라고	바꾸다	
부치다		지내다	
정리하다		굽다	
보다		살다	
듣다		수다를 떨다	

G Choose the most appropriate words for the blanks.

1. 점심을 _____ 전화 소리를 못 들었어요.
   ① 담그느라고　② 준비하느라고　③ 끓이느라고　④ 과식하느라고

2. 친구하고 _____ 숙제하는 걸 잊어버렸다.
   ① 들르느라고　② 노느라고　③ 고생하느라고　④ 교환하느라고

3. 내일이 추석이라서 송편을 _____ 바빴어요.
   ① 만드느라고　② 써느라고　③ 끓이느라고　④ 굽느라고

4. 남자 친구 선물을 _____ 용돈을 다 써 버렸다.
   ① 파느라고　② 받느라고　③ 사느라고　④ 구경하느라고

5. 친구하고 만나서 술을 _____ 집에 늦게 들어갔다.
   ① 했느라고　② 내느라고　③ 마시느라고　④ 가져가느라고

6. 소설책이 너무 재미있어서 다 _____ 밤을 새웠다.
   ① 내느라고　② 보느라고　③ 쓰느라고　④ 읽었느라고

7. 어제 시험공부를 _____ 잠을 세 시간밖에 못 잤다.
   ① 하느라고　② 전공하느라고　③ 내느라고　④ 푸느라고

8. 작년 여름방학 때 아르바이트로 돈을 _____ 힘들었어요.
   ① 모이느라고　② 만드느라고　③ 버느라고　④ 구해느라고

H Fill in the blanks with the most appropriate words using -느라고 or -어서/아서.

☐ 직장 workplace
☐ 급히 in a hurry

> 나오다   들르다   구하다   부르다
> 넘어지다 좋지 않다 보다   끝내다

1. 약국에 _____ 늦었어요.
2. 배가 _____ 더 못 먹겠어.
3. 직장을 _____ 힘들었어요.
4. 날씨가 _____ 여행을 못 갔어요.
5. 수잔은 숙제를 _____ 밤을 새웠다.
6. 집에서 급히 _____ 지갑을 두고 왔어요.
7. 길에서 _____ 새로 산 청바지가 찢어졌어요.
8. 텔레비전을 _____ 전화가 오는 소리를 못 들었어요.

I Translate the following sentences into Korean using -느라고 or -어서/아서.

1. I couldn't go to school because I caught a cold.
   _____.

2. I was late for class because my car broke down.
   _____.

3. I didn't hear the phone ringing because I was sleeping.
   _____.

4. I couldn't contact you because I left my cell phone at home.
   _____.

5. My father couldn't go on a trip because he was busy working.
   _____.

6. You must have had a hard time preparing for the presentation.
   _____.

문법 2 −던: Recollection of memory

□ 부딪히다 to be bumped into

J Complete the table using −던.

Verbs	−던	Adjectives	−던
가다	가던	크다	
굽다		쌀쌀하다	
만들다		예쁘다	
보다		덥다	
듣다		빠르다	

K Choose the most appropriate words for the blanks.

1. A: 이 계획이 어때? 괜찮지 않아?
   B: 글쎄, 내가 _____ 거하고 좀 다르네.
   ① 남던   ② 생각하던   ③ 잊던   ④ 잃던

2. A: 뭘 그렇게 찾고 있어?
   B: 혹시 여기에 _____ 내 가방 못 봤니?
   ① 이던   ② 있던   ③ 가지던   ④ 메던

3. A: 시계가 참 예쁘네요.
   B: 언니가 작년에 _____ 시계인데 저한테 줬어요.
   ① 입던   ② 신던   ③ 차던   ④ 매던

4. A: 오늘 회의에 왜 안 왔어요?
   B: 죄송합니다. 그동안 _____ 차가 길에서 갑자기 서 버렸어요.
   ① 문제없던   ② 해 주던   ③ 고치던   ④ 뛰던

5. A: 요즘 길에서 휴대폰을 보는 사람이 너무 많아요.
   B: 네, 얼마 전에도 휴대폰을 보면서 _____ 사람이 차에 부딪혔어요.
   ① 들어가던   ② 걸던   ③ 걷던   ④ 찾던

6. A: 와, 경치가 참 아름답네요. 여기에 자주 오세요?
   B: 네, 항상 혼자 _____ 곳인데 오늘은 마리아 씨랑 같이 와서 좋네요.
   ① 갈아타던   ② 돌아가던   ③ 들어가던   ④ 오던

L Fill in the blanks with the most appropriate words using -던 or -(으)ㄴ.

☐ 그립다 to miss
☐ 아직까지 until now

| 괴롭히다 | 도착하다 | 마시다 | 놀다 |
| 만들다 | 입고 다니다 | 읽다 | 끝내다 |

1. 내가 _____ 커피가 없어졌네.
2. 내가 아까 _____ 잡지 못 봤니?
3. 이건 내가 _____ 떡볶이인데 한번 먹어 봐.
4. 지난 주말에 _____ 숙제를 이제 내려고 해요.
5. 제가 기차역에 _____ 시간은 밤 11시였어요.
6. 바지만 _____ 마리아는 요즘은 치마만 입는다.
7. 가끔은 어렸을 때 친구하고 _____ 때가 그리워요.
8. 중학교 때 저를 _____ 친구가 아직까지 너무 싫어요.

M Complete the sentences according to the pictures.

예: 건강하시던 삼촌이 지금 아프세요.

1. _____ 커피가 차가워졌어요.
2. _____ 날씨가 화창해졌어요.
3. _____ 하늘이 비가 온 후에 맑아졌어요.
4. 어렸을 때 키가 _____ 친구가 지금은 커졌어요.
5. 처음에는 _____ 한국어가 지금은 쉬워졌어요.

문법 3 –는 길에: On the way to

- 퇴근하다 to leave work
- 연예인 celebrity
- 태우다 to give someone a ride
- 세탁소 laundry
- 찾아오다 to retrieve

N Choose the most appropriate words for the blanks.

1. A: 두 사람이 어떻게 같이 와요?
   B: 여기 _____ 길에 만났어요.
   ① 갈아타는   ② 지나가는   ③ 올라가는   ④ 오는

2. A: 백화점에 가는데 나 좀 태워 줄래?
   B: 그래. 마침 나도 그쪽으로 _____ 길이야.
   ① 가는   ② 오는   ③ 다녀오는   ④ 갔다 오는

3. A: 회사에서 _____ 길인데 뭐 좀 사 갈까?
   B: 치킨 먹고 싶어.
   ① 출근하는   ② 퇴근하는   ③ 찾아오는   ④ 갈아타는

4. A: 지금 나가려고? 그럼, 부탁 하나만 해도 돼?
   B: 뭔데?
   A: 집에 _____ 길에 세탁소에 들러서 옷 좀 찾아올래?
   ① 돌아오는   ② 나가는   ③ 나오는   ④ 찾아가는

5. A: 캐나다로 _____ 길에 비행기 안에서 연예인을 봤어요.
   B: 진짜요? 누구 봤어요?
   ① 나오는   ② 지나가는   ③ 돌아오는   ④ 올라가는

6. A: 지민 씨, 좀 피곤해 보이네요.
   B: 네, 퇴근하고 집에 _____ 길에 지하철에서 좀 자면서 가야겠어요.
   ① 갔다 오는   ② 다녀오는   ③ 가는   ④ 오는

7. A: 옷을 또 샀어? 용돈 다 썼다고 했잖아.
   B: 응, 근데 장 보러 _____ 길에 예쁜 바지를 봐서 안 살 수 없었어.
   ① 찾아오는   ② 가는   ③ 올라타는   ④ 갈아타는

8. A: 왜 이렇게 늦었어요? 15분이나 기다렸어요.
   B: 많이 기다렸어요? 여기에 _____ 길에 고등학교 때 친구를 만났어요.
   ① 가는   ② 오는   ③ 돌아가는   ④ 갔다 오는

O Choose the most appropriate words from the box to complete the conversations using -는 길에 or 길이에요.

- 두다 to put
- 사슴 deer
- 여권 passport
- 시골 rural area

| 가다 | 나가다 | 들어오다 |
| 들어가다 | 내려가다 | 올라가다 |

1. A: 밖에 _____ 쓰레기 좀 버려 줄래?
   B: 네, 문 앞에 두세요.

2. A: 어제 산에 _____ 사슴을 봤어요.
   B: 그 산에 사슴이 많다고 들었어요.

3. A: 집으로 _____ 마트에서 파 좀 사 올래?
   B: 네, 알았어요.

4. A: 여행 잘 다녀왔어요?
   B: 아니요, 공항 _____ 여권을 잃어버려서 못 갔어요.

5. A: 우리 콘서트 장에 _____. 빨리 오세요.
   B: 네, 1분만 기다려 주세요. 거의 다 왔어요.

6. A: 지금 1층에서 기다리고 있는데 어디 계세요?
   B: 잠깐만 기다려 주세요. 지금 엘리베이터 타고 _____.

P Complete the sentences according to the pictures using -는 길이에요.

1. A: 어디 가세요?
   B: 약속이 있어서 _____.

2. A: 어디 가세요?
   B: 할머니 뵈러 시골에 _____.

3. A: 어디 갔다 오세요?
   B: 백화점에 _____.

4. A: 공항에 언제 가세요?
   B: 지금 비행기 _____.

5. A: 어제 다리를 다쳤다고 들었는데 괜찮으세요?
   B: 산에서 _____ 넘어졌는데 지금은 괜찮아요.

더 나아가기 1

☐ 소나기 rain shower
☐ 내리다 to fall
☐ 그치다 to stop

Q Listen to the conversation and choose True or False.

1. 비비안은 요즘 시험을 보느라고 바빴다. (T / F)
2. 모하메드는 숙제를 하느라고 정신이 없었다. (T / F)
3. 비비안은 다음 주부터 방학이다. (T / F)
4. 비비안은 방학 때도 바쁘게 지낼 것이다. (T / F)
5. 두 사람은 서울 식당에 가 본 적이 있다. (T / F)

R Listen to the conversation and answer the questions.

1. 다음 중 맞는 것은 무엇입니까?
   ① 남자는 집에서 날씨 뉴스를 안 봤다.
   ② 뉴스에서 소나기가 내릴 수 있다고 했다.
   ③ 여자는 비가 올 것을 알고 있었다.
   ④ 뉴스에서 비가 오후에 그칠 것이라고 했다.

2. 오늘의 날씨는 어떻습니까?
   _____ 날씨가 안 좋아졌다.

3. 남자는 여자를 만나기 전에 어디에 들렀습니까?
   ① 백화점   ② 마트   ③ 학교   ④ 편의점

S Read the following text and answer the questions.

- 군데 counting unit for place(s)
- 둘러보다 to look around
- 쏙 completely
- 옮기다 to move

비비안은 오늘 이사를 했다. 비비안이 살던 아파트는 학교에서 가까웠지만 방도 작고 월세도 비쌌다. 비비안은 넓은 집에 살고 싶어서 그동안 집을 ___㉠___ 바쁘게 지냈다. 아파트를 몇 군데 둘러보고 나서 마음에 쏙 드는 집을 찾았다. 새집은 학교에서 약간 멀긴 하지만 방이 커서 마음에 들었다. 동네도 깨끗하고 조용했다. 친구들이 이삿짐을 옮겨 주고 정리도 도와주었다. 정리가 끝난 다음에 친구들하고 같이 피자도 시켜 먹고 수다도 떨었다. 비비안은 몸은 피곤했지만 마음에 드는 집으로 이사해서 기분이 아주 좋았다.

1. 다음 중 맞는 것은 무엇입니까?
   ① 비비안이 살던 집은 월세가 비쌌다.
   ② 비비안은 학교에서 가까운 집을 구했다.
   ③ 비비안은 방이 환한 집을 구했다.
   ④ 비비안은 혼자 이삿짐을 옮겼다.

2. 비비안은 전에 살던 집에서 왜 이사를 했습니까?
   ① 학교에서 멀어서   ② 동네가 시끄러워서
   ③ 집이 크지 않아서   ④ 동네가 깨끗하지 않아서

3. ㉠에 들어갈 수 <u>없는</u> 말은 무엇입니까?
   ① 구하느라고   ② 알아보느라고
   ③ 찾아보느라고   ④ 교환하느라고

T Write a paragraph about your childhood memory (e.g., the home you used to live in, the school you used to attend, etc.) using –던.

_____
_____
_____
_____

대화 2

☐ 팔 arm
☐ 성격 personality
☐ 이상하다 to be strange
☐ 외국 foreign country
☐ 모든 all

단어 및 표현 2

A Choose the word that corresponds to each picture.

| 식탁 | 사무실 | 가격 | 휴지 | 책장 | 소파 |

1. _____ 2. _____ 3. _____

4. _____ 5. _____ 6. _____

B Choose the most appropriate words for the blanks. Conjugate the verb/adjective in plain style.

| 수술하다 | 항상 | 신기하다 | 가구 | 제가 듣기로는 | 원래 | 눈 |

1. 이 식당은 _____ 사람이 많은 편이다.

2. 아버지가 팔을 다치셔서 어제 _____.

3. _____ 그 사람 성격이 좀 이상하대요.

4. 컴퓨터 게임을 너무 많이 해서 _____ 이/가 나빠졌다.

5. 새로 이사한 집에 아직 _____ 이/가 도착하지 않았다.

6. 나는 _____ 고기를 좋아했지만 지금은 채식주의자가 되었다.

7. 작년에 외국을 처음 여행해 본 미영에게는 모든 것이 _____.

C Fill in the blanks with corresponding words.

- ☐ 출금 withdrawal
- ☐ 입금 deposit
- ☐ 계좌 account
- ☐ 잔치 party, feast

한국어	영어	한국어	영어
	to be unrolled		to be started
	housewarming party	물건	
부동산		알리다	
	furniture		to become old
	counting unit for places	이미	

D Choose the most appropriate words for the blanks.

1. A: 입금은 무슨 _____이에요?
   B: 계좌에 돈을 넣는 것을 말해요.
   ① 회의   ② 물건   ③ 가격   ④ 뜻

2. A: 손님, 이거 어떠세요? 마음에 드세요?
   B: 예쁘기는 한데 _____이/가 좀 비싸네요.
   ① 가구   ② 거리   ③ 가격   ④ 공기

3. A: 새로 이사한 집은 마음에 들어요?
   B: 네, 아주 좋아요. 다음 주에 _____ 한번 할게요.
   ① 집들이   ② 깜짝 파티   ③ 잔치   ④ 축제

4. A: _____ 때문에 밖에서 운동한 지 오래됐어.
   B: 맞아. 요즘 비가 계속 와서 운동을 못하고 있어.
   ① 장마   ② 번개   ③ 천둥   ④ 태풍

5. A: 무엇을 도와 드릴까요?
   B: 100달러를 10달러 _____(으)로 바꾸고 싶은데요.
   ① 출금   ② 동전   ③ 짜리   ④ 교환

6. A: 다음 주에 정윤이 생일인데 깜짝 파티해 줄까?
   B: _____ 나도 깜짝 파티 생각하고 있었어. 같이 준비하자.
   ① 내가 듣기로는   ② 안 그래도   ③ 저런   ④ 그럴구나

7. A: 여보세요. 거기 _____ 사무실이지요? 집을 좀 보려고 하는데요.
   B: 네, 어떤 집을 찾으세요?
   ① 은행   ② 회사   ③ 약국   ④ 부동산

문법 4 −대요/래요: Contraction of indirect quotation

E Complete the table using -대요/래요.

V/A	Past	Present	Future/ Probability
많다	많았대요	많대요	많을 거래요
춥다			
바쁘다		바쁘대요	
자다			잘 거래요
보다	봤대요		
듣다	들었대요		
살다			살 거래요
아니다			
있다			

F Change the following sentences into full form and contracted form of the indirect quotation.

마리아: 티브이를 껐어요.
→ 마리아가 티브이를 껐다고 해요.
→ 마리아가 티브이를 껐대요.

1. 다니엘: 고향이 베를린이에요.
   → 다니엘이 고향이 _____.
   → 다니엘이 고향이 _____.

2. 약사: 이 약이 좀 써요.
   → 약사 선생님이 이 약이 좀 _____.
   → 약사 선생님이 이 약이 좀 _____.

3. 영지: 집이 학교에서 멀어요.
   → 영지가 집이 학교에서 _____.
   → 영지가 집이 학교에서 _____.

4. 지수: 할아버지는 방에서 주무세요.
   → 지수가 할아버지는 방에서 _____.
   → 지수가 할아버지는 방에서 _____.

5. 제니: 그 음식점은 24시간 문을 열어요.
   → 제니가 그 음식점은 24시간 문을 _____.
   → 제니가 그 음식점은 24시간 문을 _____.

G Change the following sentences into full form and contracted form of the indirect quotation.

 잘생기다 to be good-looking

> 예 저스틴: 오늘 나하고 같이 운동하자.
> → 저스틴이 오늘 나하고 같이 운동하자고 해요.
> → 저스틴이 오늘 나하고 같이 운동하재요.

1. 민호: 집이 어디예요?
   → 민호가 집이 _____.
   → 민호가 집이 _____.

2. 의사: 담배를 끊으세요.
   → 의사 선생님이 담배를 _____.
   → 의사 선생님이 담배를 _____.

3. 마이클: 이번 학기에 몇 과목 들어?
   → 마이클이 이번 학기에 몇 과목 _____.
   → 마이클이 이번 학기에 몇 과목 _____.

4. 비비안: 이번 여름에 같이 여행 가자.
   → 비비안이 이번 여름이 같이 _____.
   → 비비안이 이번 여름이 같이 _____.

H Choose the most appropriate words for the blanks.

1. A: 제니퍼 남자 친구 얼굴 본 적 있어?
   B: 아니, 아직 못 봤어. 근데 _____.
   ① 잘생긴대 ② 잘생겼대 ③ 멋진대 ④ 멋졌대

2. A: 저스틴 씨 아버지가 옛날에 은행에서 _____.
   B: 아, 그래? 몰랐네.
   ① 일하셨대 ② 일하신대 ③ 일하시재 ④ 일하시래

3. A: 토니 씨 소식 들었어요? 사귀던 여자 친구랑 _____.
   B: 어머, 안됐네요.
   ① 헤어지내요 ② 헤어졌대요 ③ 헤어졌래요 ④ 헤어지래요

4. A: 유럽 여행 가려면 돈이 많이 _____.
   B: 응, 그래서 여름에 아르바이트를 해서 돈 좀 모으려고 해.
   ① 들대 ② 들내 ③ 든대 ④ 들재

5. A: 모하메드한테 연락해 봤어?
   B: 응, 아까 통화를 했는데 저녁에 다시 _____.
   ① 남겨 놓으래 ② 남겨 놓재 ③ 통화하내 ④ 통화하재

문법 5 −게 되다: Expressing change of situation

- ☐ 싸우다 to fight
- ☐ 계속하다 to continue
- ☐ 사실 fact
- ☐ 자기소개 self-introduction
- ☐ 교회 church
- ☐ 사업 business

I Choose the most appropriate words for the blanks.

1. A: 그 사실을 어떻게 _____ 됐어요?
   B: 친구가 얘기해 줬어요.
   ① 잃어버리게 ② 알게 ③ 지나가게 ④ 잊게

2. A: 두 분은 어떻게 _____ 됐어요?
   B: 우리는 같은 교회에 다니면서 친해졌어요.
   ① 소개하게 ② 만나게 ③ 가입하게 ④ 나가게

3. A: 톰은 어떻게 그렇게 큰 부자가 되었대요?
   B: 사업이 잘돼서 돈을 많이 _____ 되었대요.
   ① 벌게 ② 받게 ③ 주게 ④ 팔게

4. A: 두 사람은 어떻게 _____ 됐어요?
   B: 같은 동아리라서 엠티도 가고 같이 밥도 자주 먹었어요.
   ① 지내게 ② 친해지게 ③ 헤어지게 ④ 싸우게

5. A: 피아노는 언제부터 _____ 됐어요?
   B: 어렸을 때 어머니께서 가르쳐 주셨어요.
   ① 그만두게 ② 부탁하게 ③ 계속하게 ④ 시작하게

6. A: 요새는 일 안 하세요?
   B: 네, 건강이 안 좋아져서 _____ 됐어요.
   ① 고백하게 ② 생기게 ③ 취직하게 ④ 그만두게

7. A: 이번에 말하기 대회에 나가지요?
   B: 네, 친구가 응원해 줘서 용기를 _____ 됐어요.
   ① 생기게 ② 들게 ③ 내게 ④ 부르게

8. A: 아버지가 갑자기 _____ 되셨어요.
   B: 어머, 어느 병원에 계세요? 어디가 많이 아프신가요?
   ① 수술하게 ② 몸조리하게 ③ 처방하게 ④ 낫게

9. A: 우리 회사에 어떻게 _____ 됐나요?
   B: 예전부터 이 회사에서 꼭 한번 일해 보고 싶었습니다.
   ① 신청하게 ② 지원하게 ③ 나오게 ④ 그만두게

10. A: 우리 동아리에 온 걸 환영해요. 자기소개 좀 해 주세요.
    B: 저는 저스틴입니다. 좋은 친구를 만나고 싶어서 _____ 됐습니다.
    ① 가게 ② 모이게 ③ 가입하게 ④ 갔다 오게

J **Choose the most appropriate words from the box to complete the conversations using -게 됐어요.**

☐ 싸다 to wrap
☐ 다큐멘터리 documentary
☐ 레슨 lesson
☐ 차 사고가 나다 to have a car accident

| 오다 | 타다 | 바뀌다 | 이사하다 | 다니다 | 끊다 |

1. A: 요즘은 술을 잘 안 드세요?
   B: 네, 건강이 안 좋아져서 _____.

2. A: 한국에 어떻게 오셨어요?
   B: 2년 전에 교환 학생으로 _____.

3. A: 이번 가을 학기부터 대학원에 _____.
   B: 어머, 잘됐네요. 축하해요.

4. A: 요즘 왜 그렇게 바빠요?
   B: 짐 싸느라고 바빠요. 취직해서 회사 근처로 _____.

5. A: 다큐멘터리 영화 좋아하세요?
   B: 안 좋아했는데 영화 수업을 들으면서 생각이 _____.

6. A: 원래부터 스케이트를 잘 탔어요?
   B: 아니요, 처음에는 잘 못 탔는데 레슨을 받고 나서 잘 _____.

K **Complete the sentences using -게 됐어.**

1. A: 민영이 소식 들었어?
   B: 아니. 무슨 소식?
   A: 사귀던 남자 친구하고 다음 달에 _____.

2. A: 심리학 수업 들어?
   B: 응, 안 들으려고 했는데 재미있다고 해서 _____.

3. A: 지성아, 나 내일부터 학교 앞 커피숍에서 _____.
   B: 아, 잘됐다. 그동안 아르바이트 구하느라고 고생했잖아.

4. A: 수미야, 나 오늘 차 사고가 나서 _____.
   B: 어머, 어떡해. 괜찮은 거야?

5. A: 어머, 못 보던 차네. 차 샀어?
   B: 응. 전부터 사려고 했었는데 마침 세일을 해서 차를 _____.
   A: 이제 편하게 출퇴근하겠네.

6. A: 취미가 뭐야?
   B: 요새 기타를 배우는데 재미있어. 드디어 나한테 맞는 취미를 _____.

문법 6 -(으)ㄴ/는지 알다/모르다: Indirect question/statement

L Complete the table using -(으)ㄴ/는지.

V/A	Past	Present	Future
사다	샀는지		
걷다			걸을지
팔다	팔았는지		
눕다		눕는지	
좋다			좋을지
덥다		더운지	
학생이다			
멀다			멀지
바쁘다			
그렇다	그랬는지		
어떻다			

M Choose the most appropriate words from the box to complete the conversations using -(으)ㄴ/는지. Use appropriate tense.

> 이다   괜찮다   바쁘다   열다   가다   빠르다

1. A: 요즘 비비안 씨가 왜 _____ 알아요?
   B: 이번 학기에 다섯 과목이나 듣는대요.
2. A: 박물관이 언제 문을 _____ 아세요?
   B: 보통 10시에 열어요.
3. A: 한국이 토론토보다 몇 시간 _____ 아세요?
   B: 한국이 토론토보다 13시간 빨라요.
4. A: 마리아 씨가 어디 _____ 아세요?
   B: 모르겠어요. 저도 물어볼 게 있어서 찾고 있어요.
5. A: 지난 학기에 한국어 수업에 학생이 몇 명 _____ 아세요?
   B: 25명 정도 됐어요.
6. A: 어느 식당으로 갈까요?
   B: 글쎄요, 저도 이 근처는 처음이라 어느 식당이 _____ 몰라요.

N Change the direct questions into indirect questions as in the example.

> 예) 그 사람 이름이 뭐예요? → 그 사람 이름이 <u>뭔지 알아요</u>?

1. 토니가 어디 살아요? → 토니가 _____?
2. 오늘 날씨가 어때요? → 오늘 날씨가 _____?
3. 선생님이 어디 계세요? → 선생님이 _____?
4. 서영 씨가 언제 결혼해요? → 서영 씨가 _____?
5. 저기에 있는 분이 누구세요? → 저기에 있는 분이 _____?
6. 파티에 사람이 얼마나 올까요? → 파티에 사람이 _____?
7. 집들이 선물로 어떤 게 좋아요? → 집들이 선물로 _____?
8. 여기에서 박물관까지 얼마나 걸려요? → 여기에서 박물관까지 _____?

O Make up the conversations using -(으)ㄴ지/는지 알다/모르다.

> 예) A: 오늘이 며칠인지 아세요?
> B: 오늘은 3월 20일이에요.

1. A: _____?
   B: 영화가 5시에 시작해요.
2. A: 모하메드 씨가 _____?
   B: 네, 학교에서 장학금을 받게 되었대요.
3. A: _____?
   B: 민호 씨는 감기 때문에 오늘 결석했대요.
4. A: 실례합니다. 이 근처에 _____?
   B: 네, 저기 커피숍 옆에 있어요.
5. A: _____?
   B: 버스 정류장에서 80번 버스를 타고 가면 돼요.

더 나아가기 2

☐ 후배 junior

P Listen to the conversation and answer the questions.

1. 제니퍼가 전에 살던 집은 어땠습니까?
   ① 학교에서 멀지만 햇빛이 잘 들었다.
   ② 방이 작지만 햇빛이 잘 들었다.
   ③ 방은 넓지만 햇빛이 잘 안 들었다.
   ④ 전기세가 포함되지 않았다.

2. 제니퍼는 어떤 집을 구했습니까?
   ① 학교에서 멀지만 밝은 집   ② 방은 크지만 학교에서 먼 집
   ③ 월세는 비싸지만 밝은 집   ④ 월세에 전기세가 포함된 집

3. 제니퍼는 어떤 가구를 안 사도 됩니까?
   ① 침대   ② 소파   ③ 책장   ④ 식탁

4. 빈 칸에 들어갈 말을 쓰세요.

   > "제니퍼가 이삿짐 정리가 끝나면 _____. 집에서 같이 음식을 _____."

Q Listen to the conversation and choose True or False.

1. 지호는 여자 친구와 한국어 수업에서 만났다.   (T / F)
2. 지호는 좋아하던 여자에게 고백을 하지 못했다.   (T / F)
3. 여자 후배는 지호를 처음부터 좋아했다.   (T / F)
4. 여자 후배는 지호가 고백하기를 기다리고 있었다.   (T / F)
5. 여자는 지호의 여자 친구를 본 적 있다.   (T / F)

Lesson 19 이사하느라고 바빴어요. 71

R Read the following text and answer the questions.

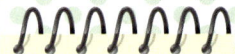
- ☐ 꺼내다 to take out
- ☐ 끊기다 to be disconnected
- ☐ 액자 frame
- ☐ 걸다 to hang
- ☐ 쓰레기 trash
- ☐ 인사하다 to greet

> 새집으로 이사 온 지 일주일이 되었다. 그동안 아르바이트 때문에 바빠서 이삿짐을 정리하지 못했다. 오늘은 쉬는 날이라서 이삿짐을 정리했다. 상자에서 오래된 앨범을 꺼냈다. 어렸을 때 친구들하고 같이 찍은 사진이 있었다. 대학교에 가면서 친구들하고 연락이 끊겼다. 그래서 지금은 친구들이 어떻게 지내는지 잘 모른다. 같이 놀던 친구들이 보고 싶다.
> 사진을 액자에 넣어서 소파 뒤쪽 벽에 걸었다. 옷도 꺼내서 옷장에 넣었다. 이삿짐을 다 정리하고 나서 쓰레기와 이삿짐 상자를 버리러 밖에 나갔다. 밖에서 옆집에 사는 사람을 만나게 되었다. 옆집 사람과도 빨리 친해졌으면 좋겠다.

1. 글쓴이가 오늘 한 일이 아닌 것은 무엇입니까?

   ① 사진 걸기   ② 옷 정리하기   ③ 쓰레기 버리기   ④ 책 정리하기

2. 다음 중 맞지 않는 것은 무엇입니까?

   ① 글쓴이가 사는 집은 학교에서 가깝다.
   ② 글쓴이는 앨범에서 어렸을 때 사진을 보았다.
   ③ 글쓴이는 옛날 친구들과 연락을 자주 하는 편이다.
   ④ 글쓴이는 밖에서 옆집 사람과 인사를 하게 되었다.

S Write the plot of your favorite Korean drama or movie using -게 되다 or -(으)ㄴ지/는지 알다/모르다.

제목: _____

_____
_____
_____
_____
_____

Lesson
20

한국에 간다면서?

대화 1

- 단어 및 표현 1
- 문법 1　–다면서요/라면서요?: Confirming the hearsay
- 문법 2　–었었/았었: Double past tense marker
- 문법 3　–더라고요: Information learned from experience
- 더 나아가기 1

대화 2

- 단어 및 표현 2
- 문법 4　–다가: Transition from one action to another
- 문법 5　–자마자: As soon as
- 문법 6　–(으)ㄴ/나 보다: Conjecture about the reason
- 더 나아가기 2

대화 1

단어 및 표현 1

A Choose the word from the box that corresponds to each picture.

> 지진   항공권   동물원   로마   비자   결혼식

1.
_____

2.
_____

3.
_____

4.
_____

5.
_____

6.
_____

B Fill in the blanks with appropriate words.

> 호랑이   에펠탑   어디   강의   판매   편도

1. 파리에 가면 _____ 에 꼭 가 봐야 된다.

2. 돌아올 때는 친구 차로 올 거라서 _____ 기차표만 샀다.

3. 어렸을 때 _____ 을/를 보고 싶어서 동물원에 자주 갔었다.

4. 학교 가는 길에 스티브를 만났는데 급하게 _____ 가더라고요.

5. 새로 나온 자동차를 사려고 하는데 아직 _____ 이/가 시작되지 않았다.

6. 김 교수님은 _____ 을/를 아주 재미있게 하셔서 학생들에게 인기가 많다.

C Fill in the blanks with corresponding words.

☐ 에 대한 regarding
☐ 상당히 considerably
☐ 목적지 destination
☐ 숙박 lodging
☐ 상품 product

한국어	영어	한국어	영어
	inquiry		to apply
주소			to be cancelled
성수기		아쉽다	
	elementary school		to smoke/burn
	night view	급하다	

D Choose the most appropriate words from Table C and fill in the blanks. Conjugate the word if necessary.

1. 요즘은 담배를 _____ 사람이 많지 않다.
2. 할 일이 많을 때는 _____ 일을 먼저 해야 한다.
3. 예약에 대한 _____ 은/는 여행사로 직접 전화해 주세요.
4. 7월과 8월은 _____ (이)라서 호텔이 상당히 비싼 편이다.
5. 눈이 너무 많이 와서 밴쿠버로 가는 비행기가 _____ 고 한다.
6. 한국어 수업에서 B를 받았어요. 열심히 공부했는데 조금 _____.
7. 작년에 홍콩에 갔을 때 아름다운 _____ 이/가 가장 기억에 남아요.
8. 이번 여름에 한국에 가려고 하는데 어디서 비자를 _____ 수 있어요?

E Choose a word from the box that matches each definition.

> 볼거리   강의   할인   직항   패키지   왕복

1. _____ : 대학교에서 듣는 수업
2. _____ : 여행가서 구경할 것들
3. _____ : 물건의 값을 싸게 해 주는 것
4. _____ : 쉬지 않고 목적지까지 직접 가는 비행기
5. _____ : 목적지에 갔다가 다시 집으로 돌아오는 것
6. _____ : 교통, 숙박, 식사가 모두 포함된 여행 상품

 **1** **–다면서요/라면서요?: Confirming the hearsay**

F Complete the table using -다면서/라면서요.

Verbs/Adjectives	Present	Past
자다	잔다면서요?	
먹다		먹었다면서요?
듣다		
알다		
모르다		
취소되다		
크다		
좋다		
덥다		
빠르다		
재미있다		
학생이다		
친구(이)다		

G Confirm what you heard as shown in the example.

> 예
> What you heard: 서울은 교통이 아주 복잡하다.
> → 서울은 교통이 아주 복잡하다면서요?

1. What you heard: 앤드류가 아프다.
   → _____?

2. What you heard: 오늘 오후에 비가 온다.
   → _____?

3. What you heard: 마리아가 고등학생이다.
   → _____?

4. What you heard: 김 선생님이 결혼하셨다.
   → _____?

5. What you heard: 어제가 스티브 생일이었다.
   → _____?

H. Complete each conversation by confirming what the person heard.

 한가하다 to be free

> 다니엘: 한국 사람들은 매일 김치를 먹는대요.
> 제니퍼: 정말요?
> [제니퍼가 김 선생님을 만났다.]
> 제니퍼: 김 선생님, 한국 사람들은 매일 김치를 먹는다면서요?
> 김 선생님: 네, 저는 가끔 먹는데 매일 먹는 사람도 많아요.

1. 비비안: 모하메드가 이번 여름에 한국에 간대요.
   이민호: 아, 그래요?
   [민호가 모하메드를 만났다.]
   이민호: 모하메드 씨, _____?
   모하메드: 네, 한국에 가서 수업을 들으려고 해요.

2. 저스틴: 김지영 선생님이 JYP하고 아주 친한 친구래.
   토니: 진짜요? 정말 신기하네요.
   [토니가 김지영 선생님을 만났다.]
   토니: 김 선생님, _____?
   김 선생님: 친구는 아니고, 대학교 동아리 선배님이세요.

3. 유미: 저스틴이 요즘 여자 친구 만나느라고 아주 바쁘대.
   다니엘: 그래? 저스틴이 여자 친구가 있어?
   [다니엘이 저스틴을 만났다.]
   다니엘: 저스틴, _____?
   저스틴: 그랬는데 지난주에 헤어졌어. 요즘 한가해.

I. Translate the sentences into Korean.

1. I heard that Korean language is easy to learn, is it true?
   _____?

2. I heard that you are learning Korean recently, is that true?
   _____?

3. I heard that you are going to graduate this spring, is it true?
   _____?

4. I heard that the new restaurant near school is pretty good, is it true?
   _____?

5. I heard that Korean people don't eat seaweed soup on exam days, is it true?
   _____?

문법 2 –었었/았었: Double past tense marker

J Conjugate the words in simple past and double past tense.

Verbs	simple past	double past	Adjectives	simple past	double past
살다	살았어요		많다		많았었어요
보다			좋다		
피우다		피웠었어요	멀다		
놀다			크다	컸어요	
듣다			바쁘다		
전공하다			아쉽다		
학생이다			급하다		
친구(이)다			맛있다		

K Express the change of state or preference using –었었/았었.

예)
어렸을 때는 우유를 자주 마셨었어요.
그런데 요즘은 커피를 더 자주 마셔요.

1. 어렸을 때는 테니스를 _____.
   그런데 요즘에는 주로 골프를 쳐요.

2. 어렸을 때는 겨울에 아주 _____.
   그런데 요즘은 겨울 날씨가 따뜻해요.

3. 고등학교 때는 머리가 _____.
   그런데 요즘은 긴 머리를 더 좋아해요.

4. 어렸을 때는 눈이 _____.
   그런데 지금은 눈이 나빠져서 안경을 껴요.

L Choose the most appropriate words for the blanks.

1. A: 기타를 칠 줄 아니?

   B: 옛날에는 잘 _____ 지금은 잘 못 쳐.

   ① 치는데　　② 쳤었는데　　③ 쳐서　　④ 쳤으니까

2. A: 요즘 스티브 씨가 안 보이네요.

   B: 스티브 씨는 한국에 _____.

   ① 갔어요　　② 갔었어요　　③ 있었어요　　④ 지내요

3. 제니퍼: 비비안 씨, 일어났어요?

   다니엘: 아까 _____. 그런데 지금 또 자네요.

   ① 일어났어요　　② 일어났었어요　　③ 일어나요　　④ 일어날 거예요

4. 제니퍼: 다니엘 씨, 일어났어요?

   다니엘: 네, _____. 지금 아침 먹고 있어요.

   ① 일어났어요　　② 일어났었어요　　③ 일어나요　　④ 일어날 거예요

5. A: 어떤 책을 주로 읽으세요?

   B: 옛날에는 판타지 소설을 자주 _____ 요즘은 웹툰을 더 좋아해요.

   ① 읽지만　　② 읽을 건데　　③ 읽었었는데　　④ 읽었으니까

6. A: 동수 씨, 오래간만이에요. 방학 때 뭐 했어요?

   B: 퀘벡에 _____. 부모님이 한국에서 오셔서 같이 여행했어요.

   ① 가요　　② 갈 거예요　　③ 갔대요　　④ 갔었어요

M Write what you used to do when you were young using −었었/았었.

> 예 고등학교 때 자주 가던 식당: 고등학교 때 서울분식에 자주 갔었어요.

1. 어렸을 때 연주하던 악기: _____.
2. 중학교 때 여행 갔던 도시: _____.
3. 어렸을 때 가끔 먹던 음식: _____.
4. 초등학교 때 같이 놀던 친구: _____.
5. 고등학교 때 좋아했던 선생님: _____.
6. 어렸을 때 매주 보던 TV 프로: _____.

 **3** -더라고요: Information learned from experience

☐ 우울하다 to be depressed
☐ 마당 yard
☐ 언어 language
☐ 남편 husband
☐ 분식집 snack restaurant
☐ 굉장히 extremely

N Choose the most appropriate words for the blanks.

1. A: 제니퍼가 어디 있는지 알아?
   B: 아까 도서관에서 봤는데 친구를 _____.
   ① 숙제하더라고   ② 공부하더라고   ③ 일하더라고   ④ 만나더라고

2. A: 오늘 날씨가 어때?
   B: 아침에 마당에 잠깐 나가 봤는데 바람이 많이 _____.
   ① 춥더라고   ② 불더라고   ③ 좋더라고   ④ 흐리더라고

3. A: 언어 교환 모임에 가 본 적이 있어요?
   B: 지난 금요일에 가 봤는데 한국 사람이 별로 _____.
   ① 없더라고요   ② 재미있더라고요   ③ 바쁘더라고요   ④ 많더라고요

4. A: 케이팝을 좋아하세요?
   B: 네, 음악이 _____. 그래서 운동할 때 자주 들어요.
   ① 우울하더라고요   ② 신나더라고요   ③ 느리더라고요   ④ 힘들더라고요

O Complete the conversations using the words given and -더라고요.

| 재미있다 | 부르다 | 맛있다 | 크다 | 찍어 주다 | 어렵다 |

1. A: 점심때 새로 생긴 분식집에 갈까요?
   B: 좋아요. 지난주에 가 봤는데 떡볶이가 _____.

2. A: 김 선생님 남편을 본 적 있어요?
   B: 네, 지난번에 학교에 오셨는데 키가 아주 _____.

3. A: 어제 저녁 먹고 나서 노래방에 갔다면서요?
   B: 네, 알렉사가 한국 노래를 아주 잘 _____.

4. A: 다음 학기에 경제학 수업을 들으려고 해요.
   B: 듣지 마세요. 지난 학기에 들었는데 시험이 굉장히 _____.

5. A: 한국 드라마 좋아하세요?
   B: 네, 지난겨울 방학 때 한국 드라마를 처음 봤는데 _____.

6. A: 지난 주말에 콘서트가 어땠어요?
   B: 재미있었어요. 콘서트가 끝나고 나서 가수가 사진을 같이 _____.

P Provide advice based on your experience using -더라고(요).

☐ 항공사 airline
☐ 승무원 flight attendant

예
A: 한국에 가는데 어느 항공사가 좋을까요?
B: 서울항공을 타 봤는데 승무원이 친절하더라고요.

1. A: 한국 좀비 영화를 본 적이 있어요?
   B: _____.

2. A: 학교 체육관에 운동하러 가 봤어요?
   B: _____.

3. A: 오늘 점심은 어느 식당에서 먹을까요?
   B: _____.

4. A: 옷을 사야 하는데 어느 백화점에서 살까요?
   B: _____.

5. A: 다음 학기에 한국어 수업을 들으려고 하는데 어때요?
   B: _____.

Q Make a conversation about your experience on a topic (음식, 운동, 취미, 여행, 수업) using -더라고요.

예
Topic: 음식
A: 김치를 먹어 본 적이 있어요?
B: 네, 자주 먹어요.
A: 김치 맛이 어때요?
B: 처음에는 매웠는데 계속 먹으니까 맛있더라고요.

Topic: _____
A: _____
B: _____
A: _____
B: _____

- 이용하다 to use
- 허가 permission

더 나아가기 1

R Listen to the conversation and choose True or False.

1. 비비안은 한국에 가 본 적이 없다.　　　(T / F)
2. 비비안은 우리여행사를 이용한 적이 있다.　(T / F)
3. 비비안은 왕복 항공권을 사려고 한다.　　(T / F)
4. 비수기라서 항공권이 싼 편이다.　　　(T / F)
5. 비비안은 직항을 탈 것이다.　　　　　(T / F)
6. 비비안은 할인 항공권을 사지 못했다.　　(T / F)

S Listen to the conversation and answer the questions.

1. 다음 중 맞는 것은 무엇입니까?
   ① 남자는 여자가 항공권을 산 것을 몰랐다.
   ② 여자는 직항을 이용하려고 한다.
   ③ 여자는 한국에 갈 때 비자가 필요하다.
   ④ 여자는 인터넷으로 여행 허가를 받을 것이다.

2. 빈 칸에 들어갈 수 없는 것은 무엇입니까?

   > 옛날에는 여행 허가를 받으러 영사관에 직접 _____.

   ① 방문했었다　　　　　　② 신청했었다
   ③ 갔었다　　　　　　　　④ 찾아갔었다

Lesson 20 한국에 간다면서? 83

T Read the following text and answer the questions.

□ 해외여행 overseas trip
□ 좌석 seat
□ 알레르기 allergy
□ 기내식 in-flight meal
□ 덕분에 thanks to (something)
□ 실시간으로 in real-time
□ 공유하다 to share
□ 주제 topic

요즘 해외여행을 하는 사람들이 많아졌다. 여행을 준비하는 것이 옛날보다 편리해졌기 때문이다. 옛날에는 비행기표를 사려면 여행사에 전화를 하거나 직접 방문했었다. 그렇지만 요즘은 인터넷으로 원하는 날짜와 시간, 좌석까지 고를 수 있다. 비수기를 이용하면 할인 항공권을 살 수도 있고, 음식 알레르기가 있거나 아이가 있는 사람들은 기내식도 미리 예약할 수 있다. 시간이 없어서 여행 계획을 세우기 어려운 사람들은 교통, 숙박, 식사가 포함된 패키지여행을 이용하기도 한다. 그리고 옛날에는 해외여행을 하는 동안 가족이나 친구들과 연락을 하기 _____㉠_____. 그런데 요즘은 스마트폰 덕분에 해외에서도 언제든지 가족들과 연락을 할 수 있게 되었다. 그리고 여행하는 동안 찍은 사진을 실시간으로 SNS에 올려서 공유하는 사람들도 많이 있다.

1. 무엇에 대한 글입니까?

   ① 해외여행을 많이 하는 이유
   ② 비수기에 비행기 표가 싼 이유
   ③ 여행사에서 비행기표를 사는 이유
   ④ 여행하는 동안 가족들과 연락하는 방법

2. 다음 중 틀린 것은 무엇입니까?

   ① 옛날에는 비행기표를 사기 위해서 여행사에 방문했었다.
   ② 아이가 있는 사람은 비행기에서 먹을 음식을 직접 준비해야 한다.
   ③ 바쁜 사람들은 패키지여행을 이용하면 편리하게 여행할 수 있다.
   ④ 옛날에는 해외여행을 하는 동안 가족들하고 연락하기 쉽지 않았다.

3. ㉠에 가장 알맞은 표현은 무엇입니까?

   ① 어려워요
   ② 어려웠습니다
   ③ 어렵다고 한다
   ④ 어려웠었다

U Write a paragraph about your trip experience in the plain style. Which places did you visit? What did you prepare for your trip? Try using -었었/았었.

_____

_____

_____

대화 2

☐ 길을 따라서 following the path

단어 및 표현 2

A Choose the word from the box that corresponds to each picture.

| 경찰서 | 사거리 | 어깨 | 시장 | 화학 | 신호등 |

1.

2.

3.

4.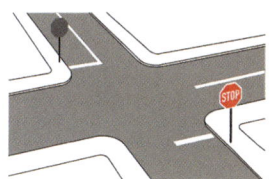

5.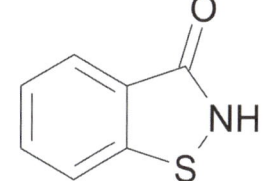

6.

B Fill in the blanks with appropriate words.

| 방송국 | 월급 | 고속도로 | 간식 | 그동안 | 쭉 |

1. 지난주에 _____ 을/를 받았는데 벌써 다 썼어요.

2. 이 길을 따라서 _____ 가면 백화점이 나올 거예요.

3. 김 선생님, _____ 한국어를 잘 가르쳐 주셔서 감사합니다.

4. 어렸을 때 좋아하는 가수를 보려고 매주 _____ 에 갔었어요.

5. 운전은 할 줄 알지만 아직 _____ 에서 운전하는 것은 무서워요.

6. 저녁을 먹기 전에 너무 배고프면 _____ 을/를 좀 먹는 게 어때?

C Fill in the blanks with corresponding words.

- 후회하다 to regret
- 취하다 to be drunken
- 마음이 아프다 to break one's heart
- 눈물 tear

한국어	영어	한국어	영어
	right side		to cross
	left side	잠이 들다	
휴게소			to use
	to pass by		to cry
비틀거리다		떨어뜨리다	
보이다		반하다	

D Choose the most appropriate word from Table C and fill in each blank. Conjugate the word if necessary.

1. 조금 전까지 웃던 아기가 배가 고파서 _____ 있어요.

2. 첫눈에 _____ 사람과 결혼해서 후회하는 사람이 많대요.

3. 나는 비행기만 타면 금방 _____ 때문에 기내식을 못 먹어요.

4. 다운타운에는 술에 취해서 길에서 _____ 사람이 가끔 보여요.

5. 할아버지 오른쪽에 계신 분은 아버지이고 _____ 에 계신 분은 삼촌이에요.

6. 고속도로를 여행할 때 _____ 에 들르면 여러 가지 간식을 사 먹을 수 있다.

E Choose the most appropriate words for the blanks.

1. 새로 산 휴대폰을 실수로 _____ 마음이 아파요.
   ① 고장 나서 ② 빠져서 ③ 잊어서 ④ 떨어뜨려서

2. 저기 _____ 키 큰 남자가 제니퍼 남자 친구래요.
   ① 보는 ② 본 ③ 보이는 ④ 보이던

3. 어렸을 때는 자주 _____ 요즘은 눈물이 없어졌어요.
   ① 울었는데 ② 우는데 ③ 웃었는데 ④ 웃지만

4. 저는 길을 잘 모를 때 _____ 사람에게 물어보는 편이에요.
   ① 지나간 ② 지나가는 ③ 다닌 ④ 다니던

문법 4 –다가: Transition from one action to another

☐ 차 사고가 나다 to have a car accident

F Describe the transition from one action to another as in the example.

차를 타고 가다가 차 사고가 났어요.

1.
_____ 화장실에 갔어요.

2.
_____ 잠이 들었어요.

3.
_____ 친구를 만났어요.

4.
_____ SNS를 했어요.

5.
_____ 허리를 다쳤어요.

6.
_____ 넘어졌어요.

G Choose the most appropriate words and complete the sentences using -다가.

- 줍다 to pick up
- 포기하다 to give up
- 혼나다 to be scolded
- PC방 Internet Cafe

> 떠들다   듣다   장 보다   추다
> 가다   살다   울다   자다

1. 학교에 _____ 돈을 주웠어요.

2. 잠을 _____ 목이 말라서 일어났어요.

3. 스티브하고 춤을 _____ 사랑에 빠졌어요.

4. 아기가 배가 고파서 _____ 잠이 들었어요.

5. 한국 슈퍼에서 _____ 김 선생님을 만났어요.

6. 경제학 수업을 _____ 너무 어려워서 포기했어요.

7. 수업 시간에 친구하고 _____ 선생님한테 혼났어요.

8. 그동안 중국에서 _____ 작년에 캐나다로 이민을 왔어요.

H Describe things that may happen in the middle of the given actions using －다가.

> **예**
> On the way home: 집에 오다가 게임을 하러 PC방에 갔어요.

1. While taking a shower: _____.

2. While sleeping last night: _____.

3. While seeing a boyfriend: _____.

4. While cleaning the house: _____.

5. While driving on a highway: _____.

6. While studying in the library: _____.

문법 5 −자마자: As soon as

☐ 첫눈에 at first sight

I Describe the two consecutive actions according to the pictures using −자마자.

예) 운동하자마자 샤워해요.

1. 일어나다 → 물을 마시다 _____.
2. 밥을 먹다 → 이를 닦다 _____.
3. 버스를 타다 → 잠이 들다 _____.

J Choose the most appropriate words and complete the sentences using -자마자.

> 보다   결혼하다   끝나다   눕다   오다   먹다   듣다

1. 유미는 _____ 남편하고 헤어졌대요.
2. 너무 피곤해서 집에 _____ 바로 잤어요.
3. 저는 침대에 _____ 잠이 드는 편이에요.
4. 수업이 _____ 친구를 만나러 도서관에 갔어요.
5. 동생이 다쳤다는 소식을 _____ 병원으로 뛰어갔어요.
6. 한국어 수업에서 그 여학생을 _____ 첫눈에 반했어요.
7. 오후에 시험이 있어서 점심을 _____ 공부를 시작했어요.

K Fill in the blanks with appropriate words using -자마자.

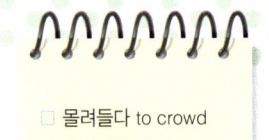
☐ 몰려들다 to crowd
☐ 소리를 지르다 to shout

> 예 선생님이 <u>들어오자마자</u> 학생들이 조용해졌어요.

1. 컴퓨터를 _____ 고장이 났어요.
2. 버스가 _____ 사람들이 몰려들었어요.
3. 창문을 _____ 시원한 바람이 들어왔어요.
4. 가수가 _____ 사람들이 소리를 질렀어요.
5. 편의점 알바를 _____ 공부 때문에 그만두었어요.

L Using −(으)면 안 돼요, write an undesirable action that happens immediately after the given action.

> 예 밥을 먹자마자 <u>수영을 하면 안 돼요</u>.

1. 일어나자마자 _____.
2. 머리를 하자마자 _____.
3. 술을 마시자마자 _____.
4. 월급을 받자마자 _____.
5. 도서관에 가자마자 _____.

M Express your routine activities using -자마자.

> 예 As soon as you wake up: <u>일어나자마자 물을 한 컵 마셔요.</u>

1. As soon as you come home: _____.
2. As soon as you go to school: _____.
3. As soon as you eat breakfast: _____.
4. As soon as you finish classes: _____.
5. As soon as you finish homework: _____.

문법 6 -(으)ㄴ가/나 보다: Conjecture about the reason

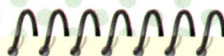
표정 facial expression

N Complete the table using -(으)ㄴ가/나 보다.

Verbs	Present	Past	Adjectives	Present	Past
먹다	먹나 보다	먹었나 보다	많다	많은가 보다	많았나 보다
자다			좋다		
듣다			바쁘다		
울다			덥다		
모르다			아쉽다		
좋아하다			멀다		
학생이다			힘들다		
친구(이)다			맛있다		

O Choose the most appropriate words and complete the conversations using -(으)ㄴ가/나 봐요.

> 배고프다   좋다   운동하다   어렵다   있다   춥다

1. A: 아기가 울어요.
   B: 아기가 _____.

2. A: 아기가 웃네요.
   B: 아기가 기분이 _____.

3. A: 밖에 눈이 오네요.
   B: 날씨가 _____.

4. A: 비비안이 오늘 정장을 입었네요.
   B: 오늘 인터뷰가 _____.

5. A: 마이클이 요즘 건강해 보이네요.
   B: 요즘 매일 _____.

6. A: 스티브가 시험을 보는데 표정이 안 좋네요.
   B: 시험이 아주 _____.

P Complete the conversations with either −(으)ㄴ가/나 보다 or -겠 depending on whether the conjecture is about the reason or the consequence.

> | Reason | Consequence |
> |---|---|
> | A: 시험을 못 봤어요. | A: 장학금을 받게 됐어요. |
> | B: 시험이 <u>어려웠나 봐요</u>. (어렵다) | B: 축하해요. <u>기쁘겠어요</u>. (기쁘다) |

1. A: 오늘 바빠서 점심을 못 먹었어요.
   B: _____. (배고프다)

2. A: 제니퍼 방에 BTS 사진이 많이 있네요.
   B: BTS를 아주 _____.(좋아하다)

3. A: 놀이 공원에서 사람들이 소리를 지르네요.
   B: 놀이 기구가 _____.(재미있다)

4. A: 모하메드 씨가 수업 시간에 졸고 있네요.
   B: 요즘 아르바이트가 _____. (힘들다)

5. A: 다니엘 씨가 한국어를 아주 잘하네요.
   B: 요즘 한국어 수업을 열심히 _____. (듣다)

6. A: 오늘 아르바이트를 하는 날이에요.
   B: 오늘 수업도 많이 들었는데 _____.(힘들다)

7. A: 비비안 씨가 브라이언을 사귄대요.
   B: 브라이언이 _____. (마음에 들었다)

Q Guess the reason for the sentences using −(으)ㄴ가 보다.

> 예 저스틴이 한국어 수업에서 A를 받았다. <u>공부를 열심히 했나 보다</u>.

1. 토니가 요즘 돈이 없다. _____.
2. 제니퍼가 머리를 잘랐다. _____.
3. 2월인데 벌써 꽃이 핀다. _____.
4. 김 선생님이 기침을 한다. _____.
5. 비비안이 밤에 화장을 한다. _____.
6. 다니엘이 학교에 뛰어서 간다. _____.
7. 민호가 갑자기 공부를 열심히 한다. _____.

더 나아가기 2

- 택배 parcel services
- 명랑하다 to be cheerful
- 짬뽕 spicy seafood noodles
- 짜장면 black-bean-sauce noodles

R Listen to the conversation and choose True or False.

1. 남자하고 여자는 서로 아는 사이이다.   (T / F)
2. 남자는 학생회관을 찾고 있다.   (T / F)
3. 우체국은 학생회관 지하에 있다.   (T / F)
4. 남자는 택배를 부치려고 한다.   (T / F)
5. 남자는 우체국에 가지 않을 것이다.   (T / F)
6. 우체국이 편의점보다 택배 요금이 싼 편이다.   (T / F)

S Listen to the narration and answer the questions.

1. 다음 중 맞는 것은 무엇입니까?
   ① 여자는 기숙사 식당 음식을 좋아하지 않는다.
   ② 아놀드는 아파트에 산다.
   ③ 아놀드는 중국집에 와 본 적이 없다.
   ④ 여자는 다음번에 짬뽕을 먹어 보려고 한다.

2. Change the sentence structure using –다가.

   기숙사로 돌아오는 길에 슈퍼에 장을 보러 갔다.
   = _____ 슈퍼에 장을 보러 갔다.

3. 두 사람은 다음 주말에 무엇을 하려고 합니까?

   _____을 만들어서 _____에 놀러 가려고 한다.

Lesson 20 한국에 간다면서? 93

T Read the following text and answer the questions.

- 인상적이다 to be impressive
- 상품 goods
- 짐 luggage
- 놀라다 to be surprised

한국을 여행하는 외국인들은 한국의 택배와 배달 문화가 매우 인상적이라고 한다. 먼저 택배는 상품이나 짐을 원하는 주소로 배달해 주는 것인데 보통 작은 트럭이나 오토바이로 배달한다. 한국에서는 24시간 배달을 한다. 그래서 보통 모든 택배는 주문하고 나서 하루나 이틀 안에 도착한다. 집 근처에 있는 편의점이나 우체국에서 택배를 부칠 수 있기 때문에 매우 편리하다.

한국의 음식 배달 문화도 유명한데 무슨 음식이든지 빨리 집으로 배달해 주기 때문이다. 가끔 음식을 ____㉠____ 배달 음식이 도착해서 깜짝 놀랄 때도 있다. 그리고 스마트폰만 있으면 어디든지 배달이 가능하기 때문에 학교나 공원에서 음식을 시켜 먹는 사람도 많다. 특히 요즘 한국을 여행하는 외국인들에게 물어보면, 꼭 한강에서 치킨이나 짜장면을 배달시켜서 먹어 보고 싶다고 한다.

1. 이 글의 제목은 무엇입니까?

   ① 한국을 여행하는 이유 ② 한국의 택배와 배달 문화
   ③ 우체국 택배를 이용하는 방법 ④ 한강에서 치킨을 시키는 방법

2. 다음 중 맞지 <u>않는</u> 것은 무엇입니까?

   ① 택배는 보통 트럭이나 오토바이를 이용한다.
   ② 택배는 우체국이나 편의점에서 부칠 수 있다.
   ③ 공원에서는 배달 음식을 먹을 수 없다.
   ④ 요즘 한강에서 배달 음식을 먹는 사람들이 많다.

3. ㉠에 가장 알맞은 표현은 무엇입니까?

   ① 시키면 ② 시키자마자 ③ 시키면서 ④ 시키고

U Write a paragraph about the culture of an interesting country/place where you have visited. Which culture was the most impressive or surprising?

_____

_____

_____

_____

Lesson
21

한국 드라마를 좋아하는 줄 몰랐어.

대화 1

- 단어 및 표현 1
- 문법 1 -(으)ㄴ/는/(으)ㄹ 모양이다: Expressing conjecture
- 문법 2 -(으)ㄴ/는 줄 몰랐다: Acknowledging unawareness of facts
- 문법 3 -(으)ㄴ/는데도: Expressing contrast in situations
- 더 나아가기 1

대화 2

- 단어 및 표현 2
- 문법 4 -(으)ㄹ 텐데: Expressing conjecture or expectation
- 문법 5 -이/히/리/기: Passive verb suffixes
- 문법 6 -구나/군(요): Expressing discovery and surprise
- 더 나아가기 2

대화 1

☐ 스트레칭 stretching
☐ 씩 each

단어 및 표현 1

A Choose the word from the box that matches each definition.

| 등장인물 | 패딩 | 팬클럽 | 작가 |
| 지저분하다 | 똑똑하다 | 영화감독 | 챙기다 |

1. _____ : 머리가 좋다
2. _____ : 정리되지 않다
3. _____ : 글을 쓰는 사람
4. _____ : 영화를 만드는 사람
5. _____ : 추운 겨울에 입는 재킷
6. _____ : 필요한 물건을 가지고 가다
7. _____ : 드라마나 영화에 나오는 사람
8. _____ : 같은 연예인을 좋아하는 사람들의 모임

B Fill in the blanks with the most appropriate adverbs.

| 아마 늘 전혀 각각 왠지 우연히 |

1. 오늘 오후에 마트에서 _____ 친구를 만났다.
2. 나는 아침에 일어나면 _____ 스트레칭을 한다.
3. 아무 일도 없었는데 오늘 _____ 기분이 좋았다.
4. 친구와 나는 _____ 햄버거를 하나씩 시켜 먹었다.
5. 조던은 졸업하고 나서 _____ 고향으로 돌아갈 것이다.
6. 어릴 때는 그림을 자주 그렸는데 요즘은 _____ 그리지 않는다.

C Fill in the blanks with corresponding words.

한국어	영어	한국어	영어
개성		설명	
	words		entertainer
배우			to be solid
	subtitles		to be attractive
사고가 나다		노력하다	

- 유행 trend
- 이해하다 to understand
- 존중하다 to respect
- 대하다 to treat
- 개봉하다 to be premiered
- 면허 license
- 연기 acting

D Choose the most appropriate word from Table C and fill in each blank. Conjugate the word if necessary.

1. 아무리 열심히 _____ 안 되는 게 있다.
2. 할리우드 _____ 중에 누구를 가장 좋아하세요?
3. 너무 유행만 따르면 자기의 _____ 을/를 잃기 쉽다.
4. 그 드라마는 스토리가 _____ 보는 사람이 많다고 한다.
5. 나는 외국어를 배울 때 _____ 을/를 외우는 것이 제일 어려웠다.
6. 어려운 문법도 선생님의 _____ 을/를 들으면 이해하기 어렵지 않다.
7. _____ 사람은 다른 사람을 존중하고 친절하게 대하는 사람인 것 같다.
8. 한국어를 열심히 공부해서 _____ 을/를 안 보고 드라마를 보게 되면 좋겠다.

E Choose the most appropriate words for the blanks.

1. 내 동생과 나는 웃는 _____ 이/가 닮았어요.
   ① 모습   ② 비밀   ③ 고민   ④ 자신

2. 내가 좋아하는 영화감독의 새로운 _____ 이/가 내일 개봉합니다.
   ① 에피소드   ② 모양   ③ 작품   ④ 스토리

3. 요즘은 운전면허 시험이 끝나자마자 시험 _____ 을/를 바로 볼 수 있어요.
   ① 문의   ② 단어   ③ 설명   ④ 점수

4. 내 친구는 _____ 이/가 되고 싶어서 매일 노래와 연기 연습을 하러 다닌다.
   ① 감독   ② 연예인   ③ 사장님   ④ 종업원

문법 1 -(으)ㄴ/는/(으)ㄹ 모양이다: Expressing conjecture

F Complete the table using -(으)ㄴ/는/(으)ㄹ 모양이다.

Verbs/Adjectives	Present	Past	Future
자다	자는 모양이다		잘 모양이다
먹다		먹은 모양이다	
만들다			
낫다			
노력하다			
좋다		–	
덥다		–	
재미있다		–	
학생이다		–	–

G Guess what each person is doing based on the picture, using -는 모양이다.

조깅을 하는 모양이에요.

1.  _____.

2.  _____.

3.  _____.

H Choose the most appropriate words and complete the conversations using -(으)ㄴ/는/(으)ㄹ 모양이다.

예매하다 to purchase in advance

| 배가 안 고프다 | 많이 피곤하다 | 맛있다 |
| 이번 주는 바쁘다 | 차가 막히다 | 방문하다 |

1. A: 정민 씨가 방학 때 뭐 하는지 아세요?
   B: 비행기표를 예매한 걸 보니까 한국을 _____.
2. A: 스티브는 이번 주말에 파티에 안 온대요?
   B: 네, 못 온대요. 그렇지 않아도 회사 일이 바빠서 요즘 _____.
3. A: 수진 씨한테 이번 주말에 등산 같이 가자고 할까요?
   B: 그렇지 않아도 저도 얘기를 해 봤는데 _____.
4. A: 식사 준비가 다 됐는데 할머니께 식사하시라고 말씀드려.
   B: 저희 먼저 먹으라고 하시는 걸 보니까 _____.
5. A: 학교 앞 새로 생긴 식당에 가 보셨어요?
   B: 아니요. 근데 항상 사람이 많은 걸 보니까 음식이 _____.
6. A: 제이슨이 올 시간이 지났는데 안 보이네요. 무슨 일 있어요?
   B: 아까 출발했다고 했는데 아직 안 오는 걸 보니 _____.

I Complete the conversations using -(으)ㄴ/는 모양이다 based on the given situations.

예 (제인이 식당에서 떡볶이를 주문했다.)
민수: 매운 음식을 잘 먹는 모양이에요.
제인: 네, 매운 음식을 좋아하는 편이에요.

1. (지성이가 아직 아침 식사를 하러 오지 않았어요.)
   엄마: _____.
   아빠: 지성이가 어젯밤 늦게까지 숙제를 하더라고요.
2. (미셸과 토니가 한국어 수업을 못 듣게 되었다.)
   미셸: _____.
   토니: 네, 저도 듣고 싶었는데 수강 신청을 못 했어요.
3. (영미가 오랜만에 대니를 만났다.)
   영미: _____.
   대니: 네, 이번 학기에 수업을 5개나 들어서 많이 바빠요.

문법 2 -(으)ㄴ/는/(으)ㄹ 줄 몰랐다: Acknowledging unawareness of facts

J Complete the table using -(으)ㄴ/는/(으)ㄹ 줄 몰랐다.

Verbs/Adjectives	Present	Past	Future/conjecture
피우다	피우는 줄 몰랐다		피울 줄 몰랐다
먹다		먹은 줄 몰랐다	
듣다			
만들다			
붓다			
크다		–	
좋다		–	
아쉽다		–	
멋있다		–	
학생이다		–	

K Complete the conversations using -(으)ㄴ/는/(으)ㄹ 줄 몰랐어요.

1. A: 지현 학생, 왜 숙제를 안 냈어요?
   B: 죄송해요. 숙제가 _____.

2. A: 제니 씨 남자 친구 봤어요? 어제 학교에 왔었는데.
   B: 어제 그 사람이 제니 씨 남자 친구예요? _____.

3. A: 마리아 씨, 추운 모양이에요. 재킷을 안 챙겨 왔어요?
   B: 네, 오늘 날씨가 _____. 그래서 재킷을 안 가져왔어요.

4. A: 이번 여름에 다운타운에서 케이팝 콘서트하는데 가요?
   B: 케이팝 콘서트를 해요? 다운타운에서 케이팝 콘서트를 _____.

L Rewrite the sentences using -(으)ㄴ 줄 몰랐어요.

1. 저는 겨울에 제주도가 춥다고 생각했어요. 그런데 따뜻하더라고요.
   → _____

2. 저는 제니퍼 씨가 캐나다에 있다고 생각했어요. 그런데 미국에 갔더라고요.
   → _____

3. 저는 진우 씨가 한국 사람이라고 생각했어요. 그런데 캐나다 사람이더라고요.
   → _____

M Translate the following sentences using −(으)ㄹ 줄 몰랐어요.

☐ 대답 answer

1. I didn't expect I would fall for K-pop.
   _____.

2. I didn't expect my teacher would quit his job.
   _____.

3. I didn't expect Vivian would go back to China.
   _____.

4. I didn't expect Daniel would graduate this year.
   _____.

5. I didn't expect your room would be clean like this.
   _____.

6. I didn't expect I would have a car accident on the way home.
   _____.

N Interview your classmates and write the discrepancies between your assumptions and their answers using -(으)ㄴ/는/(으)ㄹ 줄 몰랐다.

질문	친구 대답	−(으)ㄴ/는/(으)ㄹ 줄 몰랐어요
전공	심리학	
취미		
나이		
태어난 곳		
여행 간 곳		
잘 먹는 음식		
좋아하는 배우		

문법 3 -(으)ㄴ/는데도: Expressing contrast in situations

□ 먼지 dust

O Match the two sentences that are in contrast with one another.

1. 한국에서 오래 살았다.　•　　　•　극장에 사람이 많다.
2. 주말이 아니다.　•　　　•　입을 옷이 없다.
3. 어젯밤에 잠을 푹 잤다.　•　　　•　집에 먼지가 많다.
4. 옷장에 옷이 많다.　•　　　•　오늘 피곤하다.
5. 월급을 많이 받는다.　•　　　•　한국 친구가 별로 없다.
6. 아침에 청소를 했다.　•　　　•　회사를 그만두고 싶다.

P Combine sentences in Question O above using -(으)ㄴ/는데도.

1. 한국에서 오래 살았는데도 한국 친구가 별로 없어요.
2. _____.
3. _____.
4. _____.
5. _____.
6. _____.

Q Choose the most appropriate words from the box and complete the conversations using -(으)ㄴ/는데도.

| 마셨다　　공부했다　　아니다　　나오다　　춥다 |

1. A: 제니퍼 씨가 좀 추워 보여요.
   B: 그러네요. 날씨가 이렇게 _____ 짧은 치마를 입고 왔네요.

2. A: 제프 씨 전공은 동아시아학이 아니죠?
   B: 네, 전공이 동아시아학이 _____ 한국어 수업을 듣더라고요.

3. A: 커피 안 마셨어요? 아주 졸려 보여요.
   B: 커피를 세 잔이나 _____ 계속 졸리네요.

4. A: 이번에 새로 하는 드라마가 별로 인기 없는 것 같더라고요.
   B: 네. 유명한 배우들이 많이 _____ 인기가 없는 모양이에요.

5. A: 3학년 한국어 수업을 들었으니까 한국어를 정말 잘 하시겠어요.
   B: 아니에요. 3년 동안 _____ 한국어 문법을 틀릴 때가 많아요.

R Complete the sentences based on the pictures using −(으)ㄴ/는데도.

예: 청소를 하는데도 방이 지저분해요.

1. _____.
2. _____.
3. _____.
4. _____.

S Complete the sentences.

1. 비가 오는데도 _____.
2. 감기에 걸렸는데도 _____.
3. 오랜만에 여행을 갔는데도 _____.
4. 이번 학기에 한국어 수업이 어려웠는데도 _____.

T Write about your experiences on making efforts using −(으)ㄴ/는데도.

예: 연습을 많이 했는데도 말하기 대회에서 떨렸어요.

1. _____.
2. _____.
3. _____.
4. _____.

더 나아가기 1

U Listen to the conversation and choose True or False.

- □ 범인 criminal
- □ 스릴러 thriller
- □ 예상하다 to anticipate
- □ 익숙하다 to be familiar
- □ 신선하다 to be fresh
- □ 변하다 to change
- □ 20대 후반 late twenties
- □ 최신 newest
- □ 무료 free of charge

1. 남자는 드라마 〈고스트〉의 엔딩을 예상했다.   (T / F)
2. 여자는 드라마 〈고스트〉의 범인을 알고 있었다. (T / F)
3. 남자는 스릴러를 좋아하지 않는다.   (T / F)
4. 여자는 다양한 나라의 작품을 보는 편이다. (T / F)
5. 남자는 인도 영화를 자주 봤다.   (T / F)
6. 여자는 자막을 보는 것에 익숙하다.   (T / F)

V Listen to the conversation and answer the questions.

1. 다음 중 맞는 것은 무엇입니까?
   ① 유키가 읽고 있는 웹툰은 드라마로 만들어질 것이다.
   ② 폴은 유키가 읽고 있는 웹툰을 잘 알고 있다.
   ③ 폴은 웹툰을 자주 보는 편이다.
   ④ 웹툰의 최신 에피소드는 무료이다.

2. Complete the sentences based on the coversation.

   요즘 사람들은 웹툰을 많이 보는 편이다. 최근에는 〈학교 2049〉가 꽤 _____.
   돈을 _____ 사람들이 많이 본다고 한다. 유키는 지금 웹툰을 좋아한다.
   하지만 처음에는 돈을 내고 웹툰을 _____ 몰랐다고 한다.

W Read the following text and answer the questions.

- 공연 performance
- 연극 play
- 이해하다 to understand
- 내용 contents
- 도구 tools
- 두드리다 to beat
- 관객 audience
- 무대 stage
- 언어 language
- 즐기다 to enjoy

저는 공연을 보러 가는 것을 좋아합니다. 그래서 캐나다에서 살 때에는 연극이나 영화, 콘서트를 자주 보러 갔습니다. 한국에 와서는 영화와 콘서트는 몇 번 봤지만 연극은 보지 못했었습니다. 제가 한국에서 2년 동안 ____㉠____ 아직 한국어를 잘 이해하지 못해서 보러 가지 않았습니다. 그런데 얼마 전에 한국 친구가 저에게 '난타' 공연을 같이 보러 가자고 했습니다. '난타' 공연은 배우들이 말을 하지 않기 때문에 한국어를 잘 몰라도 내용을 이해할 수 있다고 했습니다. 저는 그런 공연이 있는 줄 몰랐었습니다.

지난 주말에 드디어 그 친구와 함께 공연을 보러 극장에 갔습니다. 극장에는 저와 같은 외국인들이 많이 있었습니다. 말이 없는 공연이라서 외국인들도 많이 보는 모양입니다. 공연이 아주 재미있었습니다. 배우들이 신나게 요리 도구를 두드리면서 춤을 췄습니다. 관객 한 명이 무대로 올라가 배우들과 같이 춤을 췄습니다. 우리 모두 웃으면서 박수를 쳤습니다. 언어를 몰라도 재미있게 즐길 수 있는 공연이 있어서 참 좋았습니다. 다른 외국인 친구들에게도 이 공연을 소개해서 그 친구들도 다 보러 가면 좋겠습니다.

1. 이 글은 무엇에 대한 것입니까?
   ① 관객과 함께하는 콘서트　　　② 한국에서 처음 본 공연
   ③ 외국인이 좋아하는 연극　　　④ 내가 공연을 보러 가는 이유

2. 다음 중 글쓴이에 대한 것 중 틀린 것은 무엇입니까?
   ① 한국에서도 영화와 콘서트는 본 적이 있다.
   ② 지난 주말에 보러 간 공연이 한국에서 처음 본 공연이다.
   ③ 난타 공연 중에 무대 위로 올라갔다.
   ④ 다른 외국인 친구들에게도 난타 공연을 소개해 주려고 한다.

3. ㉠의 가장 알맞은 표현은 무엇입니까?
   ① 살는데도　　② 사는데도　　③ 살았는데도　　④ 살 건데도

X Write a paragraph about your experience as an audience with performances, such as concerts or theatres, in the plain style.

_____
_____
_____

대화 2

단어 및 표현 2

A Choose the word that corresponds to each picture.

> 쌩쌩하다   자세히   세계   과제   시청   다운받다

1. _____
2. _____
3. _____
4. _____
5. _____
6. _____

B Fill in the blanks with appropriate words.

> 대신   경쟁   쌩쌩하다   이용하는   비법   늦어도

1. 내 동생은 잠을 안 자도 다음 날 _____.

2. 여러 사람이 _____ 화장실은 더 깨끗이 써야 해요.

3. 한국어를 잘 하는 _____ 이/가 있으면 좀 가르쳐 주세요.

4. 학교에 가려면 _____ 아침 8시에는 집에서 나가야 해요.

5. 어제 친구가 아파서 친구 _____ 아르바이트를 해 줬어요.

6. 요즘 _____ 이/가 심해서 좋은 회사에 취직하기 힘들어요.

Lesson 21 한국 드라마를 좋아하는 줄 몰랐어.

C Fill in the blanks with corresponding words.

- 취하다 to get drunk
- 마음껏 as much as one likes

한국어	영어	한국어	영어
	to not sleep at all		luck
	to watch out how someone will react		by itself
요령			to stagger
세월			at the same time
그나저나		섭섭하다	
	reservation	신기록	

D Choose the most appropriate word from Table C and fill in each blank. Conjugate the word if necessary.

1. _____ 보지 말고 마음껏 먹어요.

2. 과제가 많아서 어젯밤에 _____도 못 잤어요.

3. 올림픽에서 _____을/를 세우는 건 정말 어렵다.

4. 길거리에 술에 취해서 _____ 사람이 가끔 보여요.

5. 친구와 밥만 먹고 헤어지기 _____ 영화를 보러 갔어요.

6. _____이/가 너무 빨리 지나가서 벌써 대학을 졸업하게 됐어요.

E Choose the most appropriate words for the blanks.

1. 요즘은 온라인에서 여러 사람이 _____ 글을 쓸 수 있다.

   ① 왠지   ② 자세히   ③ 가끔   ④ 동시에

2. 한국 드라마를 많이 봤더니 한국어를 _____ 알게 됐어요.

   ① 그나마   ② 첫눈에   ③ 저절로   ④ 늘

3. 민호가 열심히 노래하는 _____이/가 너무 멋있어 보여요.

   ① 멀티뷰   ② 모습   ③ 시청   ④ 요령

4. _____은/는 팬하고 소설(fiction)을 합쳐서 만든 단어이다.

   ① 팬픽   ② 팬카페   ③ 팬클럽   ④ 팬미팅

□ 빼앗다 to rob

 **4** –이/히/리/기: Passive verb suffixes

F Complete the table using passive verb suffixes.

Active	Passive	Active	Passive
쓰다	쓰이다	열다	열리다
보다		팔다	
바꾸다		물다	
잠그다		걸다	
놓다		듣다	
쌓다		자르다	
막다	막히다	안다	안기다
닫다		끊다	
잡다		빼앗다	
잊다		쫓다	

G Describe the picture as in the example.

예  아기가 엄마한테 <u>안겨서</u> 자고 있어요.

1.  음악 소리가 _____ 춤을 췄어요.

2.  공사 때문에 길이 _____ 늦었어요.

3. 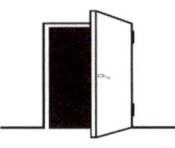 문이 저절로 _____ 깜짝 놀랐어요.

H Choose the most appropriate words and complete the sentences using passive verb suffixes.

- 범인 criminal
- 감옥 prison
- 꽂다 to put
- 맞추다 to buy a custom-made item
- 자르다 to fire someone from work

| 잡다 | 잠그다 | 바꾸다 | 물다 |
| 열다 | 팔다 | 빼앗다 | 쌓다 |

1. 문이 잘 안 _____ 고쳐야 해요.
2. 범인들이 경찰에 _____ 감옥에 갔어요.
3. 엄마한테 세뱃돈을 _____ 화가 났어요.
4. 길에 눈이 너무 많이 _____ 운전을 못 해요.
5. 콘서트 표가 너무 빨리 _____ 벌써 매진됐어요.
6. 친구 전화번호가 _____ 요즘 연락이 잘 안 돼요.
7. 동생이 개한테 _____ 요즘 병원에 다니고 있어요.
8. 교실 문이 _____ 선생님이 오실 때까지 기다렸어요.

I Choose the most appropriate words and complete the conversations using passive verb suffixes.

| 자르다 | 보다 | 막다 | 듣다 | 놓다 | 끊다 |

1. A: 선생님, 잘 안 _____.
   B: 그래요? 그럼 좀 더 크게 말할게요.

2. A: 왜 그렇게 짜증이 났어?
   B: 동영상이 자꾸 _____ 짜증나 죽겠어.

3. A: 이 꽃 어디에 꽂을까?
   B: 탁자 위에 _____ 꽃병에 꽂는 건 어때?

4. A: 어, 안경 썼네. 안경 쓴 거 처음 봐.
   B: 얼마 전부터 눈이 잘 안 _____ 하나 맞췄어.

5. A: 오늘 왜 이렇게 수업에 늦었어요?
   B: 차가 너무 _____ 그랬어요. 다음부터는 늦지 않을게요.

6. A: 오늘은 아르바이트 안 가?
   B: 얼마 전에 _____. 그래서 요즘 새 아르바이트 자리를 찾고 있어.

문법 5 －구나(군요): Expressing discovery and surprise

J Describe the pictures using －구나.

예  운동을 열심히 <u>하는</u>구나.

1.  일찍 _____.

2.  물을 많이 _____.

3.  장미꽃이 참 _____.

K Choose the most appropriate words and complete the conversations using －구나.

| 쌩쌩하다 | 대학생이다 | 생일이다 | 없다 |

1. A: 이번에 동생이 대학교에 들어갔어.
   B: 걔가 벌써 _____.

2. A: 나 어젯밤에 공부하느라고 밤을 새웠어.
   B: 그런데도 아직 _____.

3. A: 지난달에 콘서트에 가느라고 용돈을 다 썼어.
   B: 그래서 요즘 돈이 별로 _____.

4. A: 어제 내 생일이라서 식구들하고 외식했어.
   B: 어제가 네 _____. 늦었지만 생일 축하해.

L Complete the conversations using -군요.

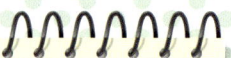
☐ 은퇴하다 to retire
☐ 단골 regular customer

1. A: 숙제를 5분 만에 다 끝냈어요.

   B: 참 _____.

2. A: 얼마 전에 케이팝 콘서트에 갔었어요.

   B: 콘서트에 _____. 좋았겠어요.

3. A: 어떡하지요? 약속에 늦을 것 같아요.

   B: 이 시간에도 길이 많이 _____.

4. A: 할머니가 선생님이셨는데 지금은 은퇴하셨어요.

   B: 할머니가 _____.

5. A: 한국 드라마가 너무 재미있어서 거의 다 본 것 같아요.

   B: 정말 한국 드라마를 _____.

M Complete the conversations as in the example using -군요.

> 예
> A: 이번에 새로 산 자동차예요.
> B: 드디어 새로 사셨군요.

1. A: 한라산에 오니까 좋지요?

   B: 네, _____.

2. A: 어서 오세요. 집들이에 와 줘서 고마워요.

   B: 집이 _____.

3. A: 지난 주말에 한국 영화를 보러 영화관에 갔어요.

   B: 그래요? _____.

4. A: 내일 과제를 제출해야 해서 오늘도 밤을 새워야 해요.

   B: _____.

5. A: 이 식당은 처음이지? 나는 여기 단골이야. 음식 맛은 어때?

   B: _____.

문법 6 -(으)ㄹ 텐데 : Expressing conjecture or expectation

N Complete the table using -(으)ㄹ 텐데.

Verbs	Present	Past	Adj.	Present	Past
먹다	먹을 텐데	먹었을 텐데	많다	많을 텐데	많았을 텐데
자다			좋다		
듣다			바쁘다		
울다			덥다		
모르다	모를 텐데	몰랐을 텐데	아쉽다	아쉬울 텐데	아쉬웠을 텐데
좋아하다			멀다		
학생이다			힘들다		
친구이다			맛있다		

O Choose the most appropriate words for the blanks.

1. A: 일찍 _____ 왜 이제 와?

   B: 차가 너무 많이 막혀서 늦었어. 미안해.

   ① 출발했을 텐데   ② 출발할 텐데   ③ 갔을 텐데   ④ 갈 텐데

2. A: 내일 등산 갈 때 무슨 신발을 신고 가는 게 좋을까?

   B: 많이 _____ 편한 신발이 좋겠지.

   ① 걸었을 텐데   ② 걸을 텐데   ③ 쉬었을 텐데   ④ 쉴 텐데

3. A: 학교 앞 분식집에 가서 라면이나 먹을까?

   B: 거기는 벌써 _____ 다른 식당으로 가자.

   ① 달을 텐데   ② 달았을 텐데   ③ 닫을 텐데   ④ 닫았을 텐데

4. A: 아르바이트비를 _____ 그 돈을 다 어디에 썼어?

   B: 콘서트 표 사느라 다 썼어.

   ① 없었을 텐데   ② 받았을 텐데   ③ 이용했을 텐데   ④ 썼을 텐데

Lesson 21 한국 드라마를 좋아하는 줄 몰랐어.

P Choose the most appropriate words and complete the conversations using -(으)ㄹ 텐데.

☐ 게임기 game device

| 고프다 | 먹다 | 바쁘다 | 힘들다 | 없다 | 덥다 |

1. A: 배가 많이 _____ 어서 드세요.
   B: 잘 먹겠습니다.

2. A: 오늘 날씨가 _____ 왜 긴 옷을 입고 나가?
   B: 감기에 걸려서 좀 따뜻하게 입으려고.

3. A: 저번에 네가 샀으니까 오늘 저녁은 내가 살게.
   B: 넌 학생이라서 돈이 별로 _____ 내가 살게.

4. A: 학교 다녀왔습니다.
   B: 오늘 시험 보느라고 _____ 빨리 씻고 밥 먹어.

5. A: 아까 점심을 _____ 또 먹어?
   B: 조금밖에 못 먹어서 아직 배가 고파요.

6. A: 다음 주에 이사하지? 내가 도와줄까?
   B: 요즘 시험 때문에 _____ 괜찮겠어? 그래도 도와주면 정말 고맙지.

Q Complete the conversations as in the example using -(으)ㄹ 텐데.

> 예
> A: 드디어 콘서트 표를 샀어!
> B: 구하기 어려웠을 텐데 대단하네.

1. A: 민호한테 전화 좀 한번 해봐.
   B: _____.

2. A: 모하메드 씨가 생일 파티에 올까?
   B: _____.

3. A: 마이크한테 빌린 게임기가 정말 좋아.
   B: _____.

4. A: 드라마 때문에 어젯밤에 한숨도 못 잤어요.
   B: _____.

더 나아가기 2

익숙하다 to be familiar
도움이 되다 to be helpful
일상생활 everyday life
세계적 world-wide
관심 interest
이어지다 to be connected
콘텐츠 contents

R Listen to the conversation and answer the questions.

1. 여자가 케이팝을 좋아하는 이유가 <u>아닌</u> 것은 무엇입니까?
   ① 음악이 익숙해서
   ② 음악이 듣기 편해서
   ③ 음악이 새로워서
   ④ 가수들이 춤을 잘 춰서

2. 여자는 왜 케이팝을 듣는 것이 한국어를 배우는 데 도움이 된다고 했습니까?
   ① 한국어를 많이 들을 수 있어서
   ② 새로운 단어와 표현을 배울 수 있어서
   ③ 한국 사람들의 일상생활에 대해 배울 수 있어서
   ④ 한국어 문화에 대해 알 수 있어서

S Listen to the conversation and choose True or False.

1. 한국 제품이 세계적으로 인기 있다.　　　　　　　(T / F)
2. 한국 문화에 대한 관심이 한국어로 이어지고 있다.　(T / F)
3. 한국어를 배우려는 사람이 많아졌다.　　　　　　(T / F)
4. 인터넷에 한국어 관련 콘텐츠가 많지 않은 편이다.　(T / F)

T 좋아하는 배우나 가수에 대해 반 친구와 이야기해 보세요. 왜 좋아하는지 묻고 대답해 보세요. 대화에 -구나(군요)를 써 보세요.

> **예**
> A: 어떤 배우를 좋아해?
> B: ….을/를 좋아해.
> A: 왜 그 배우를 좋아해?
> B: 연기를 잘 하고 잘 생겨서 좋아해.
> A: 그 배우가 연기를 잘하는구나.

U Read the following text and answer the questions.

- 참석하다 to attend
- 재작년 the year before last
- 보호하다 to protect
- 소감 impression
- 소중하다 to be precious
- 주제 topic

오늘은 내가 제일 좋아하는 걸그룹 온라인 팬미팅에 참석했다. 재작년 11월 이후 처음 한 팬미팅이라서 더 반가웠다. 지난번 팬미팅은 표가 너무 빨리 ㉠_____ 참석하지 못했는데, 이번에는 운 좋게 표를 살 수 있었다. 멤버들은 한국어, 영어, 일본어 등 여러 나라 말로 팬들에게 인사를 전했다. "정말 오랜만이에요. 멤버들이 모두 모여 함께 노래할 수 있어서 정말 행복해요. 팬들을 직접 만나지 못해 아쉽지만 이렇게 온라인으로 만날 수 있어서 정말 감사해요"라고 말했다. 내가 좋아하는 노래와 멤버들의 이야기를 들을 수 있어서 정말 좋았다. 2시간이 너무 빨리 지나가 버렸다. 팬미팅이 끝나고 나서는 "여러분이 우리를 지켜줘서 팬미팅을 할 수 있었어요. 너무 감사하고 정말 사랑해요"라는 소감을 남겼다. 소중한 추억을 만들 수 있어서 나에게도 참 행복한 하루였다.

1. 이 글의 주제는 무엇입니까?
   ① 내가 좋아하는 걸그룹
   ② 온라인 팬미팅 참석 소감
   ③ 온라인 팬미팅의 좋은 점
   ④ 내가 행복한 이유

2. 걸그룹 멤버들은 무엇이 아쉬웠습니까?
   ① 멤버들이 모두 모이지 못 한 것
   ② 팬미팅까지 너무 오래 기다린 것
   ③ 팬들을 직접 만날 수 없는 것
   ④ 팬미팅이 너무 빨리 끝나 버린 것

3. ㉠에 알맞은 것은 무엇입니까?
   ① 쌓여서   ② 팔려서   ③ 팔아서   ④ 닫혀서

V Write a paragraph about your impression of Korean popular culture (e.g., K-pop, K-drama, K-movie etc.). How are they different from or similar to other cultural products that you are familiar with?

_____
_____
_____
_____

Lesson 22

머리를 자연스럽게 해 주세요.

대화 1

- 단어 및 표현 1
- 문법 1 −지(요)?: Providing expected information
- 문법 2 −게 하다: Make someone/something...
- 문법 3 −이/히/리/기/우/구/추: Causative suffixes
- 더 나아가기 1

대화 2

- 단어 및 표현 2
- 문법 4 −(으)ㄹ 뻔하다: Expressing a narrow escape
- 문법 5 −ㄹ지도 모르다: Speculating about probability
- 문법 6 −(으)ㄴ/는대로: As the same as, as soon as
- 더 나아가기 2

- 꾸미다 to make up
- 머릿결 hair texture
- 연하다 to be light

단어 및 표현 1

A Choose the word from the box that matches each definition.

> 전학   유치원   수건   미용사   개그맨   연애   외국어   염색

1. _____ : 다른 나라 말
2. _____ : 머리를 해 주는 사람
3. _____ : 사람들을 웃기는 사람
4. _____ : 머리카락 색깔을 바꾸는 것
5. _____ : 다른 학교에 다니게 되는 것
6. _____ : 남자/여자 친구와 사귀는 것
7. _____ : 초등학교 가기 전에 다니는 곳
8. _____ : 세수를 하고 나서 얼굴을 닦는 물건

B Fill in the blanks with the most appropriate adjectives in noun-modifying forms.

> 적다   진하다   알맞다   자연스럽다   상하다   다양하다

1. 빈칸에 _____ 말을 넣으세요.
2. 나는 _____ 장르의 영화를 보는 편이다.
3. 꾸미지 않은 _____ 모습이 매력적인 사람들이 있다.
4. 요즘은 연한 색보다 _____ 립스틱 색깔이 유행인 것 같다.
5. _____ 머릿결을 좋아지게 하는 방법을 인터넷에서 찾았다.
6. 나는 여행을 두 번밖에 못 갔다. 아직 경험이 _____ 편이다.

Lesson 22 머리를 자연스럽게 해 주세요. 119

C Fill in the blanks with corresponding words.

- 경영학 business administration
- 무사히 without any trouble

한국어	영어	한국어	영어
	sentence		to take care of
얼음			to be relevant
차례		굶다	
	long distance		to remain
	to wake up	풍성하다	

D Choose the most appropriate word from Table C and fill in each blank. Conjugate the word if necessary.

1. 음식을 너무 많이 시켜서 음식이 많이 _____.
2. 베이비시터는 아기를 _____ 일을 하는 사람이다.
3. 경영학은 비즈니스와 _____ 공부를 하는 전공이다.
4. 나는 알람 시계가 없어도 아침에 일찍 _____ 편이다.
5. 오타와에서 토론토까지 _____ 운전을 해서 많이 피곤하다.
6. 다이어트 하느라고 밥을 자주 _____ 것은 건강에 좋지 않다.
7. 화장실에 사람이 많으면 줄을 서서 _____ 을/를 기다려야 한다.
8. 여름에는 커피에 시원한 _____ 을/를 넣은 아이스커피를 자주 마신다.

E Choose the most appropriate words for the blanks.

1. _____ 을/를 하러 미용실에 갔다.
   ① 연애　　② 전학　　③ 시청　　④ 파마

2. 이번 생일에는 _____ 레스토랑에 가서 맛있는 음식을 먹기로 했다.
   ① 고급스러운　　② 풍성한　　③ 자연스러운　　④ 알맞은

3. 미용사한테 머리를 조금만 _____ 달라고 했는데 너무 짧게 잘라 버렸다.
   ① 돌봐　　② 올려　　③ 다듬어　　④ 키워

4. 선생님 _____ 한국어 수업을 무사히 마칠 수 있었다. 선생님께 감사드린다.
   ① 분만 아니라　　② 덕분에　　③ 밖에　　④ 대신에

문법 1 -지(요): Providing expected information

☐ 성격 personality

F Match the reason on the left with the action on the right.

1. 눈이 많이 온다.　　•　　　　•　학교에 걸어 다닌다.
2. 여름방학이다.　　•　　　　•　친구들이 좋아한다.
3. 집이 학교에서 가깝다.　•　　•　부츠를 신었다.
4. 그 영화가 인기가 많다.　•　　•　놀이공원에 사람이 많다.
5. 그 친구는 성격이 좋다.　•　　•　표를 미리 예매해 놓았다.

G Answer the questions by combining sentences in part F above using -(으)니까 and -지(요).

1. A: 왜 부츠를 신고 왔어요?
   B: 눈이 많이 오니까 부츠를 신었지요.

2. A: 놀이공원에 사람이 왜 이렇게 많지요?
   B: _____.

3. A: 왜 학교에 걸어 다니세요?
   B: _____.

4. A: 왜 벌써 그 영화표를 예매했어요?
   B: _____.

5. A: 친구들이 왜 그 친구를 좋아해요?
   B: _____.

H Answer the questions using -지.

1. A: 왜 운전 안 하고 지하철 타고 왔어?
   B: 차가 많이 막히니까 _____.

2. A: 머리 새로 했네. 무슨 일 있어?
   B: 내일 면접 보는 날이잖아. 그래서 _____.

3. A: 오늘도 날씨가 너무 춥네.
   B: 겨울이니까 _____. 다음 달 되면 조금 나아질 거야.

4. A: 이번 주에는 공부를 열심히 하네.
   B: 다음 주에 시험이 있으니까 열심히 _____.

5. A: 냉장고에 넣어 둔 만두 못 봤어?
   B: 그거 벌써 내가 다 _____. 먹는다고 얘기했는데 잊어버렸어?

I Choose the most appropriate expressions from the box and complete the conversations using -지요.

- 정이 들다 to grow on someone
- 복권에 당첨되다 to win the lottery
- 얻다 to gain
- 무조건 unconditionally
- -만큼 as much as
- 거만하다 to be arrogant
- 금지 prohibition
- 구역 area

> 변하다   정이 들다   잃다   멀어지다   실수를 하다   많다

1. A: 복권에 당첨된 사람들이 보통 돈을 금방 다 써 버린대요.
   B: 쉽게 얻은 것은 쉽게 _____.

2. A: 이번에 한국어 수업에서 처음 발표를 했는데 실수를 많이 한 것 같아요.
   B: 괜찮아요. 처음에는 누구나 다 _____.

3. A: 월급을 많이 받으면 무조건 좋다고 생각했는데 그게 아닌 것 같아요.
   B: 맞아요. 월급을 많이 받으면 그만큼 해야 할 일이 _____.

4. A: 정윤 씨랑 태호 씨가 사귄다면서요? 둘이 사귈 줄 몰랐어요.
   B: 자주 만나면 _____. 둘이 같은 수업을 들어서 매일 만났더라고요.

5. A: 남자 친구가 교환 학생으로 외국으로 간 후에 서로 연락을 잘 안 하게 돼요.
   B: 많은 커플들이 그런 것 같아요. 눈에서 멀어지면 마음에서도 _____.

6. A: 경민 씨가 돈을 많이 벌고 나서 아주 거만해졌어요. 그렇게 변할 줄 몰랐어요.
   B: 사람은 누구나 _____. 변하지 않는 사람이 대단한 것 같아요.

J Guess the questions based on the answers with -지(요).

> 예 A: 바쁜데도 왜 언어 교환 모임에 꼭 가세요?
> B: 그 모임이 재미있으니까 꼭 가지요.

1. A: _____.
   B: 온라인 수업이 편하니까 듣지요.

2. A: _____.
   B: 밴쿠버에 부모님이 계시니까 가지요.

3. A: _____.
   B: 여기가 주차 금지 구역이니까 주차를 안 하지요.

4. A: _____.
   B: 그 식당 음식이 맛있으니까 항상 사람이 많지요.

5. A: _____.
   B: 여행 가려면 돈을 모아야 하니까 아르바이트를 하지요.

문법 2 -게 하다: Make someone/something...

K Make a wish using -게 해 주세요.

> 예
> Make me rich. → 부자가 되게 해 주세요.

1. Make me grow taller. → _____.
2. Make me travel a lot. → _____.
3. Make me a great cook. → _____.
4. Make me become a movie star. → _____.

L Based on the picture, compose sentences about what people make Mohamed do, using -게 하다.

예
Please speak in Korean!
선생님은 모하메드에게 한국어로 말하게 했어요.

1.  Work out every day!

비비안은 모하메드에게 _____.

2.  Please try Korean food!

제니퍼는 모하메드한테 _____.

3. Please submit the assignment by tonight!

선생님은 모하메드에게 오늘 밤까지 _____.

- 알람을 맞추다 to set an alarm
- 기말시험 final exam
- 평소 usual times

M Choose the most appropriate expressions and complete the conversations using -게 하다.

> 감기약을 사 오다   푹 자다   맞춰 놓고 자다
> 준비를 열심히 하다   운동하다   따뜻한 우유를 마시다

1. A: 우리 언니는 매일 회사에 지각해.
   B: 그럼 알람을 _____.

2. A: 동생이 감기에 심하게 걸렸다면서요?
   B: 네. 그래서 몸을 따뜻하게 하고 _____.

3. A: 지윤이가 요즘 밤에 잠을 잘 못 잔대.
   B: 그럼 지윤이한테 자기 전에 _____.

4. A: 다니엘, 약을 안 먹어서 계속 기침하는 거지?
   B: 안 그래도 룸메이트한테 _____.

5. A: 아버지가 요즘 건강이 나빠지셔서 걱정이시래요.
   B: 그럼 규칙적으로 _____. 그게 제일 좋아요.

6. A: 우리 딸이 이번 기말시험에서 다 A+를 받고 싶다고 해요.
   B: 그럼 시험 전날에만 공부하지 말고 평소에 시험 _____.

N Provide real-life issues and write a request for a solution to the person who can fix the problem using -게 해 주세요.

예)
옆집 개가 짖어요.   옆집 사람에게
              강아지를 안 짖게 해 주세요.

1. 룸메이트가 매일 파티를 해요.   _____ 에게
   _____.

2. 시험이 너무 많아요.   _____ 에게
   _____.

3.   _____ 에게
   _____.

문법 3 -이/히/리/기/우/구/추: Causative suffixes

- 모닥불 campfire
- 꺼지다 to be extinguished

O Complete the table using causative verb suffixes.

Verbs/Adjectives	Causative	Verbs/Adjectives	Causative
보다	보이다	울다	울리다
끓다		돌다	
붙다		알다	
녹다		살다	
입다	입히다	감다	감기다
앉다		웃다	
눕다		남다	
넓다		굶다	
크다 (verb)	키우다	달다 (verb)	달구다
서다		늦다	
깨다		낮다	

P Provide solutions for each problem using -이/히/리/기/우/구/추.

예	
Problem	Solution in causative
친구가 숙제가 뭔지 몰라요. →	숙제가 뭔지 친구한테 알려 줘요.

Problem / Solution in causative

1. 동생이 배가 고프대요. → 제가 동생한테 밥을 _____.
2. 모닥불 불이 꺼졌어요. → 모닥불을 다시 _____.
3. 약속 시간에 늦을 것 같아요. → 약속 시간을 _____.
4. 어린 동생의 옷이 더러워졌어요. → 옷을 _____.
5. 밤에 갑자기 라면이 먹고 싶어요. → 라면을 _____.
6. 동생이 손을 다쳐서 머리를 못 감아요. → 동생 머리를 _____.

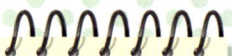
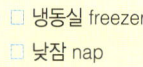

☐ 냉동실 freezer
☐ 낮잠 nap

Q Complete the conversations using the words in the box. Use either a causative suffix -이/히/리/기/우/구/추 or '-게 하다.' Use -(으)세요 ending.

| 녹다   운동하다   마시다   얼다   익다   깨다 |

1. 아빠: 고기가 다 익었나요?

   엄마: 아니요, 좀 덜 익은 것 같아요. 좀 더 _____.

2. 수미: 제 동생이 요즘 매일 방에서 게임만 해서 걱정이에요.

   진수: 그럼 밖에 나가서 _____.

3. 김 선생님: 학생들이 아침 수업에서 너무 졸려 하는 것 같아요.

   윤 선생님: 그럼 커피나 차를 _____.

4. 소율: 아이스크림을 사 왔는데 날씨가 더워서 좀 녹은 것 같아요.

   준서: 그럼 다시 냉장고에 넣어서 _____.

5. 유진: 냉동실에서 고기를 아까 꺼내 놓았는데 아직도 안 녹았어요.

   희성: 그럼 따뜻한 물에 고기를 넣어서 _____.

6. 선미: 친구랑 같이 수업에 가기로 했는데 친구가 아직 안 일어났어요.

   현진: 수업에 늦겠어요. 빨리 _____.

R Based on the schedule, create conversations between a parent and a baby-sitter using causative suffixes.

시간표	할 일	베이비시터	아이 부모님
오전 8시	아침 먹다	몇 시에 밥을 먹일까요?	오전 8시에 먹여 주세요.
오전 9시	옷을 입다		
오후 12시	낮잠을 자다		
오후 2시	자전거 타다		
오후 4시	씻다		

더 나아가기 1

☐ 탈색 bleach
☐ 회색 gray colour

S Listen to the conversation and choose True or False.

1. 남자는 밝은색으로 탈색하려고 한다.　　　　　　　　(T / F)
2. 남자는 회색으로 염색해 본 적이 있다.　　　　　　　(T / F)
3. 원하는 색으로 염색을 하려면 시간이 오래 걸리는 편이다. (T / F)
4. 남자의 염색은 금요일 5시 반쯤 끝날 것이다.　　　　(T / F)

T Listen to the conversation and answer the questions.

1. 다음 중 맞는 것은 무엇입니까?

   ① 여자는 토니와 싸워서 연락을 안 한다.
   ② 여자는 토니를 다시는 만나지 않을 것이다.
   ③ 여자는 토니가 약속 시간에 왜 늦는지 알게 되었다.
   ④ 여자는 토니와 함께 토니 동생을 돌봐 주려고 한다.

2. Complete the sentences using −게 하다.

   > 마리아는 토니와 최근에 문자를 주고받지 않았다. 왜냐하면 토니가 늘 약속 시간을 안 지켜서 마리아를 _____ 했기 때문이다. 하지만 토니에게는 사정이 있었다. 토니의 어린 동생이 토니와 노는 것을 좋아해서 토니가 밖에 _____ 했다고 한다. 그래서 마리아는 토니를 조금 _____ 되었다.

U Read the following text and answer the questions.

- 체격이 좋다 to be well-built
- 갸름하다 to be slender
- 눈썹 eyebrow
- 볼 cheek
- 보조개 dimple
- 첫인상 first impression
- 워낙 so
- 긴장되다 to be anxious
- 나누다 to share

학교 연극 동아리 공연에서 지연이의 오빠를 처음 봤다. 오빠는 키가 크고 체격이 좋았다. 얼굴은 갸름한 편이고 짙은 눈썹에 웃을 때마다 볼에 보조개가 생겼다. 머리가 긴 편이었는데 자연스러운 웨이브가 멋있어 보였다. 첫인상이 워낙 마음에 들어서 지연이에게 오빠에 대해서 물어봤다. 지연이는 오빠가 여자 친구가 없다고 하면서 나에게 오빠를 ____㉠____ 고 했다.

나는 소개팅을 한 적이 없어서 오빠를 만나러 가는 날 너무 긴장됐다. 며칠 만에 만난 오빠는 청바지에 흰 티셔츠를 입고 나왔는데 역시 멋있었다. 오빠는 성격도 좋았다. 재미있는 이야기로 나를 많이 웃겨 주었다. 우리는 시간 가는 줄 모르고 오랫동안 대화를 나누었다. 그리고 그다음 날부터 사귀기로 했다.

1. ㉠에 들어갈 알맞은 말은 무엇입니까?

   ① 만나게 해 주겠다   ② 보게 해 달라   ③ 알게 해 준다   ④ 연락하게 한다

2. 다음 중 틀린 것은 무엇입니까?

   ① 글쓴이는 친구 오빠를 동아리 공연에서 알게 되었다.
   ② 글쓴이는 친구 오빠에게 첫눈에 반했다.
   ③ 친구 오빠는 소개팅 하는 날 캐주얼하게 입고 나왔다.
   ④ 친구 오빠와 처음 만난 날 너무 긴장되어서 많은 얘기는 못 했다.

V Create questions using causative verbs and talk with your classmates.

질문	대답
1. 여러분은 언제 목소리를 낮추나요?	
2. 약속 시간을 _____ 싶을 때 어떻게 하나요?	
3. 친구들 중에서 가장 _____ 사람은 누구인가요?	
4. 냉장고에서 _____ 먹으면 맛있는 음식은 무엇인가요?	
5. 다른 사람의 옷을 _____ 준 적이 있나요? 언제인가요?	
6. 여러분 나라에서 아이를 _____ 때 부르는 노래가 있나요?	

대화 2

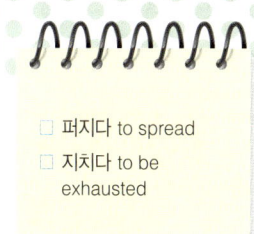

- 퍼지다 to spread
- 지치다 to be exhausted

단어 및 표현 2

A Fill in the blanks with appropriate words.

| 널리 | 품질 | 한국식 | 남성용 | 목도리 | 연휴 | 순서 | 모델 |

1. 요즘은 _____ 화장법이 인기가 많아요.
2. 날씨가 추우니까 _____을/를 챙겨 가세요.
3. 한류의 인기 덕분에 한국어가 _____ 퍼졌다.
4. 내 _____이/가 너무 늦어서 기다리다가 지쳤다.
5. 이번 _____에는 아무리 바빠도 집에 다녀오려고 해요.
6. 이 제품은 가격에 비해 _____이/가 좋아서 잘 팔려요.
7. 저 _____이/가 입고 있는 옷은 어느 회사 제품이에요?
8. 아버지 선물을 살 건데 _____ 화장품이 어디에 있어요?

B Choose the word from the box that matches each definition.

| 제품 | 기말 | 비결 | 예상 | 입장하다 | 안전하다 | 늘다 | 이발하다 |

1. _____ : 학기의 끝
2. _____ : 특별한 방법
3. _____ : 위험하지 않다
4. _____ : 머리를 자르다
5. _____ : 미리 생각한 것
6. _____ : 팔려고 만든 물건
7. _____ : 많아지거나 커지다
8. _____ : 어떤 장소로 들어가다

C Fill in the blanks with corresponding words.

☐ 오줌 pee
☐ (방귀를) 뀌다 to fart
☐ 창피하다 to be embarrassed

한국어	영어	한국어	영어
	to be thick		secret
	to suppress		nearly
제품			to be new and fresh
	fart		to pronounce
어쩌면		입장하다	
	vibe	합치다	

D Choose the most appropriate word from Table C and fill in each blank. Conjugate the word if necessary.

1. 버스에서 오줌을 _____ 건 힘든 일이다.

2. 안개가 _____ 날은 차 사고가 많이 난다.

3. _____ 이번 여름에 한국에 갈 수도 있어.

4. 이 커피숍은 _____ 이/가 좋아서 늘 손님이 많다.

5. 수업 시간에 다니엘이 _____ 주제로 발표하였다.

6. 사람이 많은 곳에서 _____ 을/를 뀌어서 너무 창피했다.

E Choose the most appropriate words for the blanks.

1. 요즘 외모에 _____ 을/를 쓰는 사람들이 많다.

   ① 분위기   ② 관심   ③ 신경   ④ 비결

2. 요즘 한국 문화가 세계적으로 _____ 을/를 끌고 있다.

   ① 외모   ② 연휴   ③ 걱정   ④ 인기

3. 약속 시간에 늦어서 _____ 친구를 못 만날 뻔했어요.

   ① 하마터면   ② 한 듯 안 한 듯   ③ 순식간에   ④ 운 좋게

4. 한국 화장품은 _____ 이/가 너무 많아서 고르기 힘들다.

   ① 품질   ② 종류   ③ 순서   ④ 기말

 **문법 4** −(으)ㄹ 뻔했다: Expressing a narrow escape

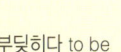 부딪히다 to be bumped into

F Describe the picture as in the example using −(으)ㄹ 뻔했어요.

예) 너무 빨리 달리다가 <u>사고가 날 뻔했어요</u>.

1. 늦게까지 자다가 _____.

2. 표를 잃어버려서 놀이공원에 _____.

3. 공사 때문에 길이 막혀서 약속에 _____.

G Choose the most appropriate words and complete the conversations using −(으)ㄹ 뻔했어요.

| 다치다 | 못 가다 | 늦다 | 태우다 | 못 하다 |

1. A: 드라마 보다가 밥을 다 _____.
   B: 불이 안 난 게 다행이네요.

2. A: 차가 너무 막혀서 수업에 _____.
   B: 다음부터는 조금 더 일찍 출발해야겠네요.

3. A: 시간이 없어서 숙제를 _____.
   B: 그러니까 다음부터는 미리미리 해 놓으세요.

4. A: 눈이 너무 많이 쌓여서 운전하기 힘들지 않았어요?
   B: 네, 길이 미끄러워서 학교에 _____.

5. A: 어제 동생이 길을 건너다가 오토바이에 부딪혔다면서요?
   B: 네, 하마터면 크게 _____.

H Complete the sentences using -(으)ㄹ 뻔했다.

부족하다 to be insufficient

1. 비가 너무 많이 와서 _____.

2. 어젯밤에 게임하느라 _____.

3. 회의에 늦어서 뛰어가다가 _____.

4. 지하철에 가방을 놓고 내려서 _____.

5. 음식이 부족해서 하마터면 저녁을 _____.

6. 친구하고 여행하다가 생각이 달라서 _____.

7. 조금만 늦게 갔으면 친구가 떠나는 걸 _____.

8. 수업 시간에 몰래 문자하다가 선생님한테 _____.

I Complete the conversations with reasons.

예 A: 이번에 새로 나온 한국 영화가 엄청 길다면서요? 그 영화 봤어요?
   B: 어제 봤는데 너무 지루해서 죽을 뻔했어요.

1. A: 어제 친구들 만나느라 집에 늦게 들어갔지?
   B: _____ 하마터면 못 들어갈 뻔했어.

2. A: 지난 주말에 모하메드하고 테니스 쳤다면서요?
   B: _____ 하마터면 못 칠 뻔했어요.

3. A: 이번 겨울 방학 때 하와이에 간다면서요? 좋겠어요.
   B: _____ 하마터면 못 갈 뻔했어요.

4. A: 어제 날씨가 무척 추웠는데, 따듯하게 입고 나갔어요?
   B: _____ 하마터면 감기에 걸릴 뻔했어요.

5. A: 다리를 다쳐서 병원에 입원했었다고 들었어요. 몸은 좀 어때요?
   B: _____ 죽을 뻔했어요.

문법 5 -(으)ㄹ지도 모르다: Speculating about probability

□ 유치하다 to be childish

J Complete the table using -(으)ㄹ지도 모르다.

Verbs/Adjectives	Present	Past
합치다	합칠지도 모르다	
참다		참았을지도 모르다
듣다		
알다		
모르다		
취소되다		
크다	클지도 모르다	
짙다		짙었을지도 모르다
덥다		
빠르다		
재미있다		
학생이다		
친구다		

K Choose the most appropriate words for the blanks.

1. A: 제시카가 왜 이렇게 안 오지? 전화 한번 해 봐.

   B: 벌써 _____ 몰라. 좀 더 기다려 보자.

   ① 출발했을지도   ② 출발할지도   ③ 갔을지도   ④ 갈지도

2. A: 나이아가라 폭포에 갈 때 무슨 신발을 신고 가는 게 좋을까?

   B: 많이 _____ 몰라. 그러니까 편한 운동화가 좋을 거 같은데.

   ① 걸을지도   ② 걸었을지도   ③ 쉬었을지도   ④ 쉴 지도

3. A: 앤드류 동생 생일 선물로 인형을 살까 하는데 괜찮을까?

   B: 걔가 벌써 _____ 모르는데 인형은 좀 유치하지 않을까?

   ① 유치원생일지도   ② 유치원생이었을지도
   ③ 고등학생일지도   ④ 고등학생이었을지도

L Choose the most appropriate words and complete the conversations using −(을)지도 모르니까.

☐ 부지런히 industrially
☐ 최대한 as...as possible

> 어렵다   걷다   닫다   없다

1. A: 제니퍼한테 이번 주말에 같이 쇼핑 가자고 할까?

   B: 요즘 돈이 별로 _____ 다음에 같이 가지고 해.

2. A: 오랜만에 시내 한국 식당에 가서 비빔밥이나 먹을까?

   B: 거기는 벌써 _____ 전화 해보고 가자.

3. A: 나이아가라 폭포에 갈 때 무슨 신발을 신고 가는 게 좋을까?

   B: 많이 _____ 편한 운동화가 좋을 거 같은데.

4. A: 아직 시험공부를 다 못 했는데 어떡하지?

   B: 이번 기말시험이 무척 _____ 부지런히 하는 게 좋겠다.

M Complete the conversations as in the example using −(으)ㄹ지도 모르다.

> 예 A: 학교 다녀오겠습니다.
>   B: 우산 가져가. 비가 올지도 몰라.

1. A: 이 육개장 너무 맛있겠다.

   B: 천천히 먹어. _____ .

2. A: 내일 블루 마운틴에 스키 타러 갈까 해.

   B: 좋겠다. _____ .

3. A: _____ .

   B: 네가 올 때까지 안 먹고 기다릴 테니까 최대한 빨리 와.

4. A: 일요일에 커피나 한잔 할까?

   B: _____ .

5. A: 마이크가 돈이 어디서 나서 새 핸드폰을 샀을까?

   B: _____ .

 **6** -(으)ㄴ/는대로: As the same as, as soon as

☐ 달리기 running
☐ 접다 to fold
☐ 방법 method
☐ 진행하다 to proceed

N Choose the most appropriate words for the blanks.

1. A: 운동 끝나면 _____ 대로 다 먹을 거야.
   B: 그래도 너무 무리하지는 마.
   ① 먹고 싶은   ② 먹는   ③ 먹을   ④ 먹었던

2. A: 이제부터 네가 _____ 대로 다 해 봐.
   B: 그래도 돼요?
   ① 하는   ② 하고 싶은   ③ 할   ④ 했던

3. A: 인생을 어떻게 사는 게 잘 사는 걸까?
   B: _____ 대로 살면 되지 않을까.
   ① 사는   ② 살은   ③ 살고 싶은   ④ 살고 싶는

O Choose the most appropriate words for the blanks.

1. A: 이번 달리기 대회에서 누가 일등을 했어?
   B: _____ 대로 스티브가 했어.
   ① 예상   ② 마음   ③ 계획   ④ 분위기

2. A: 어디에 앉을까요?
   B: 안고 싶은 데 _____ 대로 앉으세요
   ① 예상   ② 마음   ③ 계획   ④ 약속

3. A: 이 종이 비행기는 어떻게 접었어요?
   B: 동생이 가르쳐 준 _____ 대로 했어요.
   ① 예상   ② 생각   ③ 계획   ④ 방법

4. A: 말하기 대회가 잘 끝나서 다행이에요.
   B: _____ 대로 진행했더니 무사히 끝났어요.
   ① 예상   ② 마음   ③ 계획   ④ 방법

Lesson 22 머리를 자연스럽게 해 주세요. **135**

P Choose the most appropriate words and complete the sentences using -(으)ㄴ 대로.

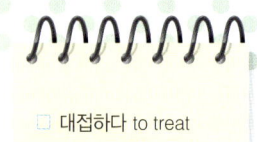
대접하다 to treat

> 편하다   생각나다   약속하다   시키다   없다   예상하다

1. A: 인터뷰가 어땠어?
   B: _____ 좀 어려웠어.

2. A: 숙제는 다 했니?
   B: 네, _____ 모두 다 했어요.

3. A: 뭐를 써야 할지 모르겠어요.
   B: 지금 _____ 아무거나 써 보세요.

4. A: 어떻게 한국어를 잘하게 됐어요?
   B: 선생님이 _____ 열심히 공부했어요.

5. A: 내일 식당에 갈 때 어떤 옷을 입어야 할지 모르겠어요.
   B: 그 식당은 _____ 옷을 입어도 돼요.

6. A: 네가 내일 우리 집에 오면 무슨 음식을 대접해야 할지 모르겠어.
   B: 없으면 _____ 먹으면 되지. 너무 걱정하지 마.

Q Complete the conversations as in the example using -(으)ㄴ 대로.

> 예
> A: 집에 도착하면 문자해.
> B: 응. 집에 가는 대로 바로 할게.

1. A: 오늘 중으로 전화 좀 해줘.
   B: _____.

2. A: 언제 회사에 취직하려고 해요?
   B: _____.

3. A: 이 요리는 어떻게 만들었어요?
   B: _____.

4. A: 이 단어는 어떻게 발음해야 돼요?
   B: _____.

더 나아가기 2

> - 중독성 addictiveness
> - 일상생활 everyday life
> - 정보 information
> - 관심 interest
> - 이어지다 to be connected

R Listen to the conversation and choose True or False.

1. 이 대화에 대한 설명으로 맞는 것은 무엇입니까?

   ① 여자는 한국 드라마와 웹툰을 아주 좋아한다.
   ② 여자는 한국 드라마의 스토리라인이 거의 똑같다고 생각한다.
   ③ 여자는 한국어 공부를 시작한 지 오래 되었다.
   ④ 여자는 케이팝이 중독성이 있어서 계속 듣고 싶어한다.

2. 여자는 왜 한국 드라마를 보는 것이 한국어를 배우는 데 도움이 된다고 했습니까? 맞는 것을 <u>모두</u> 고르세요.

   ① 발음을 좋게 만들 수 있어서
   ② 새로운 단어를 배울 수 있어서
   ③ 한국 사람들의 일상생활에 대해 배울 수 있어서
   ④ 한국어가 일상생활에서 어떻게 쓰이는지 알 수 있어서

S Listen to the narration and answer the questions.

1. 다음 중 맞지 <u>않는</u> 것은 무엇입니까?

   ① 한국어를 배우려는 사람이 많아졌다.
   ② 한국어 수업을 들으려면 경쟁이 심하다.
   ③ 인터넷에 한국어 관련 정보가 부족한 편이다.
   ④ 한국 문화에 대한 관심이 한글로 이어지고 있다.

T 여러분은 동영상을 보고 무엇을 배우거나 따라해 본 적이 있어요? 여러분의 경험에 대해 '-(으)ㄴ/는 대로'를 사용해서 문장을 써 보세요.

_____
_____
_____
_____

U Read the following text and answer the questions.

> 한류가 세계로 퍼지면서 K-패션도 인기를 끌고 있다. TV 쇼, 영화, 뮤직 비디오 등에서 한국 연예인들이 입는 패션 스타일은 소셜 미디어를 통해 몇 시간 만에 유명해진다. K-패션은 왜 인기가 있을까? 젊은 디자이너들이 계속해서 한국 패션 시장에 진출하여 매년 수백 개의 새로운 브랜드를 만들고 있다. 그들이 디자인한 옷은 참신하고 품질이 좋아서 소비자에게 많은 사랑을 받고 있다. 또한 한국 패션 산업의 다양성 때문에 많은 사랑을 받고 있다. 한국 사람들은 패션 스타일에 관심이 많고 다양한 패션 스타일을 시도하기를 좋아한다. 이러한 소비자를 위해 다양한 브랜드와 패션 아이템이 출시된다. 마지막으로 한국은 빠른 인터넷과 편리한 온라인 쇼핑 환경으로 유명하다. 온라인 쇼핑 환경은 패션 브랜드의 시장 진출을 도울 뿐만 아니라, 소비자가 편리하게 다양한 브랜드의 옷을 쉽게 구입할 수 있게 한다. 패션 쇼핑 앱을 통해 한국 패션 제품이 ____㉠____ 바로 소비자들에게 유통된다.

- ☐ 진출하다 to enter into
- ☐ 다양성 diversity
- ☐ 출시되다 to be launched
- ☐ 소비자 customer
- ☐ 유통되다 to be circulated
- ☐ 평소에 usually

1. 이 글의 주제는 무엇입니까?
   ① 온라인 쇼핑 환경
   ② 한국 패션의 장점
   ③ 한류와 한국 패션
   ④ 한국 패션의 다양성

2. 한국 패션이 유행하는 이유로 맞지 <u>않는</u> 것을 고르세요.
   ① 젊은 디자이너들이 많다.
   ② 한국 연예인이 디자인한다.
   ③ 여러 가지 패션 제품이 출시된다.
   ④ 온라인으로 쉽게 구입할 수 있다.

3. ㉠에 알맞은 것은 무엇입니까?
   ① 출시되니까
   ② 출시되는 대로
   ③ 출시된다면
   ④ 출시될 때

V 화장에 대한 자신의 경험이나 생각을 써보세요. 평소에 화장을 자주 합니까? 화장이 필요하다고 생각합니까? 그 이유는 무엇입니까? 필요 없다고 생각한다면 그 이유는 무엇입니까?

_____

_____

_____

_____

Lesson 23

무슨 선물을 줘야 할지 모르겠어요.

대화 1

- 단어 및 표현 1
- 문법 1 −어/아야지(요): Expressing obligation
- 문법 2 −어/아야 할지 모르겠다: Expressing uncertainty about what to do
- 문법 3 −는 바람에: Describing an incidental cause for negative results
- 더 나아가기 1

대화 2

- 단어 및 표현 2
- 문법 4 −었/았다가: Shift of actions after completion
- 문법 5 −(으)ㄴ/는 척하다: To pretend to do/be in a state
- 문법 6 −기도 하다: Describing multiple states/alternative actions
- 더 나아가기 2

대화 1

단어 및 표현 1

> ☐ 과학적이다 to be scientific
> ☐ 근거 grounds
> ☐ 노인 senior persons
> ☐ 양보하다 to yield
> ☐ 부족하다 to be insufficient

A Choose the word from the box that matches each definition.

| 퇴근하다 | 축의금 | 챙기다 | 꽃다발 |
| 주방 용품 | 미끄러지다 | 시차 | 화해하다 |

1. _____ : 잊지 않고 잘 돌보다
2. _____ : 미끄러운 곳에서 넘어지다
3. _____ : 일을 끝내고 집에 돌아가다
4. _____ : 세계 여러 지역의 시간 차이
5. _____ : 음식을 만들 때 사용하는 물건
6. _____ : 결혼을 축하하기 위해 내는 돈
7. _____ : 여러 송이의 꽃을 하나로 모아서 만든 것
8. _____ : 싸우는 것을 그만두고 안 좋은 기분을 풀다

B Fill in the blanks with appropriate words.

| 소나기 조언 미신 예산 관습 근사하다 |

1. 내 눈에는 내 여자 친구가 제일 _____ 보인다.
2. 나는 교수님의 _____ 대로 대학원에 가기로 했다.
3. 갑자기 _____ 가 내려서 건물 안으로 뛰어 들어갔다.
4. 나는 _____ 을/를 과학적인 근거가 없기 때문에 믿지 않는다.
5. 지하철이나 버스에서 노인에게 자리를 양보하는 것은 한국의 _____ 이다.
6. 이번 여행은 _____ 이/가 부족하기 때문에 계획을 잘 세워서 돈을 써야 된다.

Lesson 23 무슨 선물을 줘야 할지 모르겠어요. 141

C Fill in the blanks with corresponding words.

- 어느새 before one knows it
- 내리다 to fall
- 온몸 whole body
- 생생히 vividly

한국어	영어	한국어	영어
	to get wet	혼나다	
	to argue, fight		to be embarrassed
도망가다		정이 들다	
	to be saved	신혼여행	
관습			price range
	budget	웬일	

D Choose the most appropriate word from Table C and fill in each blank. Conjugate the words in the plain style if necessary.

1. 오늘은 _____ 인지 잠이 잘 오지 않는다.
2. 아버지는 _____ 도둑을 잡으려고 뛰어갔다.
3. 수업을 들으면서 같은 반 친구들과 어느새 _____.
4. 어렸을 때 형과 나는 서로 좋은 것을 가지려고 자주 _____.
5. 나는 수업 시간에 갑자기 방귀가 나와서 너무 _____.
6. 소나기가 갑자기 내리는 바람에 우산을 썼는데도 온몸이 다 _____.

E Choose the most appropriate words for the blanks.

1. 다음 회의 _____ 은/는 언제로 하는 게 좋을까요?
   ① 며칠   ② 소개팅   ③ 엊그저께   ④ 날짜
2. 나는 어렸을 때 동생과 싸워서 부모님께 자주 _____.
   ① 화해했다   ② 혼났다   ③ 정이 들었다   ④ 도망갔다
3. 어젯밤에 트럭이 _____ 에 미끄러져서 큰 사고가 났다.
   ① 빗길   ② 소나기   ③ 장마   ④ 안개
4. 민호는 바로 _____ 사고가 난 것처럼 그 일을 생생히 기억하고 있다.
   ① 모레   ② 엊그저께   ③ 내일   ④ 예전에

 **1** **-어/아야지요: Expressing obligation**

- 해롭다 to be harmful
- 금연하다 to stop smoking
- 적응하다 to adapt

F Complete the table using -어/아야지요.

Verbs	-아야지요	Verbs	-아야지요
살다	살아야지요	먹다	먹어야지요
돌보다		끊다	
자다		읽다	
가다		사귀다	
돕다		쓰다	
화해하다		걷다	
퇴근하다		자르다	
예약하다		짓다	

G Choose a verb from Table F and express your intent using -어/아야지요.

1. A: 왜 벌써 가시려고 하세요?
   B: 너무 늦었는데 이제 집에 _____.

2. A: 오늘도 늦게까지 공부할 거예요?
   B: 아니요, 피곤한데 오늘은 일찍 _____.

3. A: 동생하고 사이가 좋은 것 같네요.
   B: 동생이 아직 어리니까 제가 잘 _____.

4. A: 어제 브랜든하고 싸웠다면서요?
   B: 네, 그런데 마음이 불편하니까 빨리 _____.

5. A: 8시인데 아직 저녁을 안 드셨어요?
   B: 바빠서 아직 못 먹었어요. 일이 다 끝났으니까 이제 저녁을 _____.

H Provide recommendations using -어/아야지요.

1. A: 늦었는데 이제 _____?
   B: 응, 이제 자려고 해.

2. A: 담배가 몸에 해로운데 이제 _____?
   B: 네, 그렇지 않아도 새해부터 금연하려고 해요.

3. 손님: 안녕히 계세요.
   종업원: 손님, 물건을 _____?

4. A: 한국 생활이 쉽지가 않네요.
   B: 빨리 적응하려면 한국 친구를 많이 _____?

I Choose the most appropriate verbs and complete the conversations using -어/아야지.

□ 아깝다 to be valuable
□ 깎다 to peel
□ 칼 knife
□ 만지다 to touch
□ 삼계탕 Gingseng Chicken Soup
□ 시험지 exam book

> 가다   가져가다   끄다   보다   만들다   조심하다

1. A: 음식이 많이 남았는데 어떻게 하지?
   B: 버리기 아까운데 집에 _____.

2. A: 사과를 깎다가 손을 다쳤어.
   B: 칼을 만질 때는 _____.

3. A: 스티브 생일 파티에 갈 거야?
   B: 응, 나하고 제일 친한 친구인데 꼭 _____.

4. A: 이번에 새로 나온 〈홍대 블루스〉라는 한국 드라마가 재미있더라.
   B: 그래? 나도 이번 주말에 꼭 _____.

5. A: 저녁에 무서운 영화를 봐서 잠이 안 오네.
   B: 그래서 불을 켜 놨니? 그래도 잘 때는 불을 _____.

6. A: 삼계탕 만드는 데에 이렇게 시간이 오래 걸리는 줄 몰랐네.
   B: 시간이 걸리지만 음식을 제대로 _____.

J Provide your recommendation in the following situations using -어/아야지(요).

> 예 [토니가 내일 시험이 있는데 게임을 하고 있다.]
> → 토니야, 내일 시험이 있는데 이제 공부해야지.

1. [주말에 마크가 불고기를 먹자고 해서 식당에 왔는데 자리가 없다.]
   → 마크, 예약 안 했어? 주말에는 _____.

2. [친구 집에 놀러 왔는데 창문을 열어 놓아서 방이 춥다.]
   → 겨울인데 창문을 _____.

3. [아버지께서 일요일인데도 일을 하고 계신다.]
   → 아버지, 오늘은 일요일인데 좀 _____.

4. [학생이 시험지에 이름을 쓰지 않았다.]
   → 학생, _____.

문법 2 -어/아야 할지 모르겠다: Expressing uncertainty about what to do

K Complete the table using -어/아야 할지 모르다.

Verbs	-아야 할지 모르다	Verbs	-아야 할지 모르다
살다	살아야 할지 모르다	먹다	먹어야 할지 모르다
보다		그만두다	
사다		읽다	
가다		주다	
예약하다		듣다	
전화하다		쉬다	
결혼하다		사귀다	

L Match words on the left with the most appropriate expressions on the right.

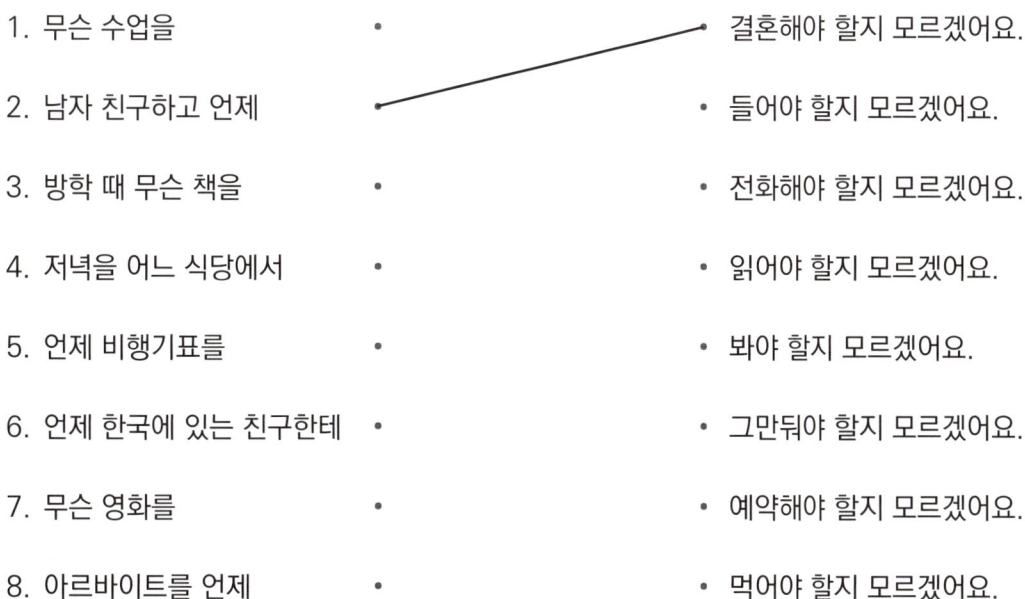

1. 무슨 수업을 • • 결혼해야 할지 모르겠어요.
2. 남자 친구하고 언제 • • 들어야 할지 모르겠어요.
3. 방학 때 무슨 책을 • • 전화해야 할지 모르겠어요.
4. 저녁을 어느 식당에서 • • 읽어야 할지 모르겠어요.
5. 언제 비행기표를 • • 봐야 할지 모르겠어요.
6. 언제 한국에 있는 친구한테 • • 그만둬야 할지 모르겠어요.
7. 무슨 영화를 • • 예약해야 할지 모르겠어요.
8. 아르바이트를 언제 • • 먹어야 할지 모르겠어요.

M Choose the least appropriate words.

1. 한국에 언제 _____ 모르겠어요.
   ① 전화해야 할지   ② 가야 할지   ③ 올라가야 할지   ④ 방문해야 할지

2. 카페에서 무엇을 _____ 모르겠어요.
   ① 마셔야 할지   ② 읽어야 할지   ③ 만나야 할지   ④ 먹어야 할지

3. 결혼을 _____ 해야 할지 모르겠어요.
   ① 언제   ② 무엇을   ③ 누구하고   ④ 어디서

4. 한국어를 _____ 공부해야 할지 모르겠다.
   ① 어떻게   ② 누구한테   ③ 얼마나   ④ 언제까지

5. 친구 생일에 무슨 선물을 _____ 모르겠어요.
   ① 준비해야 할지   ② 사야 할지   ③ 받아야 할지   ④ 줘야 할지

6. 친구하고 싸웠는데 _____ 화해해야 할지 모르겠어요.
   ① 언제   ② 어떻게   ③ 무슨 말로   ④ 누구하고

7. 골프를 배우고 싶은데 _____ 배워야 할지 모르겠어요.
   ① 언제든지   ② 누구한테서   ③ 어떻게   ④ 어디서

N Complete the sentences using -어/아야 할지 모르겠다.

> **예** 김 선생님 결혼식에 무슨 선물을 가져가야 할지 모르겠다.

1. 파티에 갈 때 _____.
2. 돈이 필요한데 _____.
3. 친구를 초대했는데 _____.
4. 머리가 길어서 답답한데 _____.
5. 동아리에 가입하고 싶은데 _____.
6. 선생님께 이메일을 보내야 되는데 _____.
7. 한국 드라마가 재미있다고 하던데 _____.
8. 마크가 나를 좋아한다고 했는데 그 말을 _____.

146 MY FIRST KOREAN 3 WORKBOOK

문법 3 –는 바람에: Describing an incidental cause for negative results

O Conjugate the verbs using –는 바람에.

Verbs	–는 바람에	Verbs	–는 바람에
자다	자는 바람에	먹다	먹는 바람에
오다		넘어지다	
사다		듣다	
나오다		울다	
일어나다		살다	
잃어버리다		고장 나다	
걸리다		미끄러지다	

P Complete the sentences using words in Table O.

1. 감기에 _____ 학교에 못 갔어요.
2. 차가 빗길에 _____ 사고가 났어요.
3. 지갑을 _____ 점심을 못 먹었어요.
4. 아침에 늦게 _____ 수업에 늦었어요.
5. 휴대폰이 갑자기 _____ 전화를 못 했어요.
6. 밤에 눈이 많이 _____ 아침에 차가 많이 막혀요.

Q Choose the most appropriate word and conjugate it with either –는 바람에 or –느라고 to complete the sentence.

> 나다   사다   치다   넘어지다   아르바이트하다   추워지다

1. 어제 _____ 드라마를 못 봤어요.
2. 새 차를 _____ 돈을 다 써 버렸어요.
3. 스케이트를 타다가 _____ 다리를 다쳤어요.
4. 날씨가 갑자기 _____ 반바지를 입을 수 없다.
5. 요즘 골프를 _____ 테니스는 자주 못 쳤어요.
6. 동수는 교통사고가 _____ 병원에 입원했대요.

R Choose the most appropriate forms.

1. 밖에 _____ 우산을 가지고 가세요.
   ① 비가 오느라고　　② 비가 오는 바람에　　③ 비가 오니까

2. 약속 시간을 _____ 회의에 못 갔어요.
   ① 잊어버렸으니까　　② 잊어버리는 바람에　　③ 잊어버리느라고

3. 버스에서 _____ 정류장을 지나쳤어요.
   ① 조는 바람에　　② 졸았으니까　　③ 졸았기 때문에

4. 숙제를 하다가 _____ 숙제를 못 했어요.
   ① 잠이 들었으니까　　② 잠이 드느라고　　③ 잠이 드는 바람에

5. 어제 갑자기 친구가 _____ 파티에 못 갔어요.
   ① 찾아와서　　② 찾아왔으니까　　③ 찾아오느라고

S Explain the situations using -는 바람에.

> 예
> A: 어떻게 하다가 팔을 다쳤어요?
> B: 테니스를 치다가 넘어지는 바람에 팔을 다쳤어요.

1. A: 왜 수업에 늦었어요?
   B: _____.

2. A: 주말에 왜 장을 못 봤어요?
   B: _____.

3. A: 왜 아직 점심을 못 먹었어요?
   B: _____.

4. A: 왜 한국어 숙제를 안 했어요?
   B: _____.

5. A: 어떻게 하다가 아기가 깼어요?
   B: _____.

더 나아가기 1

☐ 점쟁이 fortune teller
☐ 점을 보다 to have a life reading

T Listen to the conversation and answer the questions.

1. 이 대화의 주제는 무엇입니까?
   ① 결혼 날짜
   ② 점
   ③ 생일과 태어난 시간
   ④ 미신의 근거

2. 다음 중 맞는 것은 무엇입니까?
   ① 수잔은 전에 점쟁이한테 간 적이 있다.
   ② 수잔은 자신의 생일과 태어난 시간을 알고 있다.
   ③ 남자는 점에 대해 들어 본 적이 있다.
   ④ 남자는 수잔에게 결혼하기 전에 꼭 점을 보라고 한다.

3. 수잔의 고민은 무엇입니까?
   ① 남자 친구하고 결혼해야 할지 모르겠다.
   ② 남자 친구 부모님을 만나야 할지 모르겠다.
   ③ 남자 친구하고 같이 점을 보러 가야 할지 모르겠다.
   ④ 남자 친구 부모님께 생일을 말씀드려야 할지 모르겠다.

U 점을 본 적이 있으세요? 점을 본 적이 있으면 여러분의 경험을 이야기해 보세요. 경험이 없으면 점을 보는 것에 대해서 어떻게 생각하세요?

1. 점을 본 적이 있다.
   1) 언제 점을 봤어요? 왜 점을 봤어요?
   2) 점이 잘 맞았어요?

2. 점을 본 적이 없다.
   1) 점을 보는 것에 대해서 어떻게 생각하세요?
   2) 앞으로 점을 볼 생각이 있으세요?

V Read the following text and answer the questions.

| 별자리 sign of zodiac |
| 예측하다 to predict |
| 운명 destiny |
| 혈액형 bood type |
| 성격 personality |
| 배려하다 to act thoughtfully |
| 소심하다 to be timid |
| 자기중심적이다 to be egocentric |
| 바보 idiot |
| 천재 genius |
| 통계 statistics |
| 원주민 native |
| 만약 in case |
| 대부분 in large part |
| 관련성 relation |

　　나라마다 재미있는 미신이 많은데 예를 들어 서양에서는 별자리로 사람의 운명을 예측하기도 한다. 태어난 날짜에 따라 그 사람의 운명이 정해진다고 믿었기 때문이다. 한국에도 재미있는 미신이 많은데 한국에서는 혈액형과 사람의 성격이 관련되어 있다고 믿는 사람들이 많다. 예를 들어 혈액형이 A형인 사람은 남을 배려하는 마음이 크지만 소심하다고 한다. B형인 사람은 새로운 일을 하는 것을 좋아하지만 자기중심적이라고 한다. O형인 사람은 다른 사람들과 잘 지내는 편이지만 지는 것을 싫어한다고 한다. AB형은 바보가 아니면 천재라는 말도 있고, 잘난 척을 많이 하는 편이라고 한다. 물론 ㉠이것은 과학적 근거가 없다. 한 통계에 따르면 스위스 사람의 절반 이상이 A형이고, 페루의 한 원주민의 경우 전부 O형이라고 한다. 만약 혈액형이 성격을 결정한다면 스위스 사람들은 대부분 ㉡_____ 사람일 것이고, 페루의 원주민은 모두 사람들하고 사이가 좋을 것이다.

1. 이 글의 주제는 무엇입니까?
   ① 서양의 재미있는 미신　　② 별자리와 운명
   ③ 혈액형에 관한 미신　　　④ 페루 원주민의 성격

2. ㉠이것은 무엇을 뜻합니까?
   ① 별자리로 사람의 운명을 예측하는 것　② 혈액형과 성격의 관련성
   ③ O형의 원만한 대인관계　　　　　　　④ AB형의 천재성

3. ㉡에 들어갈 말은 무엇입니까?
   ① 소심한　　　　　　　　　② 자기중심적인
   ③ 지는 것을 싫어하는　　　④ 똑똑한

W 여러분의 별자리, 혈액형, MBTI는 무엇입니까? 어떤 것이 여러분의 성격과 관련이 있다고 생각합니까? 왜 그렇게 생각하는지 예를 들어 써 보세요.

_____
_____
_____
_____

대화 2

단어 및 표현 2

A Choose the word from the box that corresponds to each definition.

| 고려하다 | 지인 | 신랑 | 세제 |
| 불길하다 | 청첩장 | 독특하다 | 배탈이 나다 |

1. _____ : 아는 사람
2. _____ : 배가 아프다
3. _____ : 특별하게 다르다
4. _____ : 곧 결혼하는 남자
5. _____ : 나쁜 일이 생길 것 같다
6. _____ : 어떤 일을 할 때 생각해 보다
7. _____ : 결혼식에 초대하는 글을 쓴 카드
8. _____ : 설거지나 빨래를 할 때 쓰는 비누

B Fill in the blanks with appropriate words.

| 회원 | 조건 | 근거 | 유통 기한 | 믿음 | 거품 |

1. 좋은 샴푸는 _____ 이/가 많이 나지 않는다.
2. 동생이 _____ 이/가 지난 우유를 먹고 배탈이 났다.
3. 나는 친한 친구에게 아무 _____ 이/가 없이 돈을 빌려주었다.
4. 우리 동아리 _____ 은/는 일주일에 두 번씩 배드민턴을 친다.
5. 연예인들은 _____ 없는 소문 때문에 스트레스를 많이 받는다.
6. 오빠는 의사가 될 거라는 부모님의 _____ 대로 의사가 되었다.

C Fill in the blanks with corresponding words.

- 면허 license
- 경로석 seats reserved for seniors
- 외계인 alien
- 주장 claim
- 지점 branch
- 평균 average

한국어	영어	한국어	영어
	to be declined	과학적이다	
	alumni reunion		to be sticky
혼나다		붙다	
	to thrive	성실하다	
반대로			age
	magpie	배려하다	

D Choose the most appropriate word from Table C and fill in each blank. Conjugate the word if necessary.

1. 민수는 운전 면허 시험에 한 번에 _____.
2. 비가 너무 많이 와서 여기까지 오는데 _____.
3. 버스나 지하철의 경로석은 노인들을 _____ 자리이다.
4. 외계인이 있다는 주장은 아직 _____ 근거가 없다고 한다.
5. 작은 분식집이었던 이 식당은 다른 지점을 열 정도로 _____.
6. 지난주에 _____ 에 나가서 오랜만에 만난 친구들과 얘기를 많이 했다.

E Choose the most appropriate words for the blanks.

1. 캐나다 사람의 평균 _____ 은/는 80세가 넘는다.
   ① 관습   ② 믿음   ③ 수명   ④ 연령

2. 학교에 빨리 도착하려면 그 길은 _____ 가는 게 좋다.
   ① 미끄러져서   ② 피해서   ③ 퇴근해서   ④ 배려해서

3. 비비안이 오늘 입고 온 바지는 디자인이 예쁘고 _____.
   ① 불길하다   ② 끈적끈적하다   ③ 과학적이다   ④ 독특하다

4. 모하메드는 학교에 지각한 적이 없다. _____ 부지런한 편이다.
   ① 쌩쌩하고   ② 근사하고   ③ 성실하고   ④ 독특하고

문법 4 −었/았다가: Shift of actions after completion

F Complete the table using -었/았다가.

Verbs	−었/았다가	Verbs	−었/았다가
쓰다	썼다가	열다	열었다가
보다		팔다	
바꾸다		듣다	
잠그다		자르다	
놓다		만들다	
사다		피우다	

G Match the situations on the left with the most appropriate actions on the right.

1. 청바지를 샀다가 • • 교실에서 벗었어요.

2. 아침에 일어났다가 • • 가수하고 사진을 찍었어요.

3. 밖에서 모자를 썼다가 • • 사람이 많아서 다른 식당에 갔어요.

4. 콘서트에 갔다가 • • 갑자기 일이 생겨서 취소했어요.

5. 밖에 나갔다가 • • 다시 잠이 들었어요.

6. 비행기표를 예약했다가 • • 사이즈가 안 맞아서 바꿨어요.

7. 유명한 식당에 들어갔다가 • • 비가 와서 집에 다시 왔어요.

H Choose the most appropriate words and complete the sentences using -었/았다가.

- 다행히 fortunately
- 심하게 severely
- (파마를) 풀다 to straighten out the perm
- 영수증 receipt
- 새벽 dawn

> 잃어버리다   열다   파마하다   끄다
> 일어나다   싸우다   눕다   녹다

1. 지갑을 _____ 다행히 찾았어요.
2. 컴퓨터가 안 돼서 _____ 다시 켰어요.
3. 친구하고 심하게 _____ 어제 화해했어요.
4. 눈이 _____ 다시 얼어서 길이 미끄러워요.
5. 창문을 _____ 밖이 시끄러워서 다시 닫았어요.
6. 자려고 침대에 _____ 잠이 안 와서 책을 읽었어요.
7. 얼마 전에 _____ 마음에 안 들어서 다시 풀었어요.
8. 시험공부를 하려고 일찍 _____ 졸려서 다시 잤어요.

I Complete the conversations using 었/았다가.

1. A: 이거 _____ 마음에 안 들면 다른 걸로 바꿔도 돼요?
   B: 그럼요. 영수증 가지고 오시면 바꿔 드릴게요.

2. A: 너한테 어젯밤에 전화했었는데 연락이 안 되더라.
   B: 아, 너무 피곤해서 집에 가자마자 잠이 _____ 새벽에 깼어.

3. A: 길이 많이 막혔을 텐데 늦지 않게 도착했네요.
   B: 네, 버스를 _____ 차가 막혀서 지하철로 갈아탔어요.

4. A: 손에 들고 있는 게 뭐야?
   B: 아, 집에 오는 길에 마트에 _____ 사과가 싱싱해 보여서 샀어.

5. A: 방이 조용하네요.
   B: 아까 라디오를 _____ 시끄러워서 꺼 버렸어요.

6. A: 김지수 기자, 내일 날씨는 어떻습니까?
   B: 오늘 밤에는 기온이 _____ 내일 오후부터 따뜻해지겠습니다.

7. A: 여러분, 졸리지요? 그럼 10분만 _____ 수업 다시 시작하겠습니다.
   B: 네, 좋아요.

문법 5 -(으)ㄴ/는 척하다: To pretend to do/be in a state

J Complete the table using -(으)ㄴ/는 척하다.

Verbs	Present	Past	Adjectives	Present
자다	자는 척하다	잔 척하다	예쁘다	예쁜 척하다
먹다			똑똑하다	
듣다			아쉽다	
만들다			바쁘다	
팔다			맛있다	
쓰다			슬프다	
모르다			학생이다	

K Describe the pictures using -(으)ㄴ/는 척했어요.

예) 엄마가 방에 들어오려고 해서 얼른 <u>공부하는 척했어요</u>.

1.  경찰한테 잡혔어요. 술을 _____.

2.  오빠가 나를 불렀지만 저는 _____.

3.  학교에 가기 싫어서 감기에 _____.

4.  어제 눈길에 미끄러졌는데 창피해서 _____.

5.  친구가 돈을 빌려 달라고 했어요. 그래서 돈이 _____.

L Choose the most appropriate words and complete the conversations using –(으)ㄴ/는 척했어요.

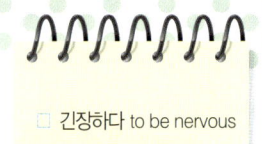
긴장하다 to be nervous

> 떨리다   알다   보다   놀라다   바쁘다

1. A: 오늘 수업 시간에 배운 내용을 하나도 모르겠어요.
   B: 저도 그래요. 그런데 그냥 _____.

2. A: 어제 동창회 잘 갔다 왔어요?
   B: 아니요, 안 갔어요. 모임에 나가기 싫어서 _____.

3. A: 어제 길에서 전에 사귀던 사람을 만났어요. 그냥 못 _____.
   B: 어머, 당황스러웠겠어요.

4. A: 친구들이 지민 씨 깜짝 생일 파티 준비한 걸 알고 있었지요?
   B: 네, 사실 알았는데 그냥 친구들을 생각해서 _____.

5. A: 발표를 너무 잘하시네요. 긴장을 안 하시나 봐요?
   B: 아, 사실 엄청 긴장했는데 사람들 앞에서는 안 _____.

M Write what you would pretend to do in the following situations.

> 예 [친구가 음식을 만들어 줬는데 맛이 없었습니다.]
> 음식이 아주 맛있는 척했어요.

1. [만나기 싫은 사람을 파티에서 만났습니다.]
   _____.

2. [한국에서 운전하다가 경찰한테 잡혔습니다.]
   _____.

3. [친구가 하는 얘기가 길고 재미가 없었습니다.]
   _____.

4. [친구한테 받은 선물이 마음에 들지 않았습니다.]
   _____.

5. [친구가 영화 보러 가자고 전화했는데 나가기 싫었습니다.]
   _____.

문법 6 −기도 하다: Describing multiple states/alternative actions

N Match the situations on the left with the most alternative ones on the right.

1. 주말에 수영을 한다.　　　　　•　　　　　•　일찍 잔다.
2. 수지는 예쁘다.　　　　　　　•　　　　　•　달다.
3. 떡볶이는 맵다.　　　　　　　•　　　　　•　똑똑하다.
4. 기분이 안 좋을 때 음악을 듣는다.　•　　　•　슬프다.
5. 그 영화가 재미있다.　　　　　•　　　　　•　아쉽다.
6. 졸업하니까 기쁘다.　　　　　•　　　　　•　테니스를 친다.

O Combine sentences in part N above using -기도 하다.

1. <u>주말에 수영을 하기도 하고 테니스를 치기도 해요.</u>
2. _____.
3. _____.
4. _____.
5. _____.
6. _____.

P Choose the most appropriate words for the blanks.

1. A: 저녁은 보통 뭐 먹어요?
   B: 보통은 집에서 요리하는데 음식을 _____ 해요.
      ① 섞기도　　② 썰기도　　③ 시키기도　　④ 볶기도

2. A: 친구 만나면 보통 뭐 해요?
   B: 주로 밥을 먹는데 노래방에 가서 노래를 _____ 해요.
      ① 쓰기도　　② 불기도　　③ 연주하기도　　④ 부르기도

3. A: 한국어를 어떻게 공부했어요?
   B: 주로 온라인으로 공부했는데 한국 드라마를 _____ 했어요.
      ① 만들기도　　② 만들었기도　　③ 보기도　　④ 봤기도

4. A: 주말에 보통 뭐 해요?
   B: 친구하고 영화관에 가는데 피곤한 날은 집에서 _____ 해요.
      ① 일어나기도　　② 이를 닦기도　　③ 졸기도　　④ 쉬기도

Q Choose the most appropriate words and complete the conversations using -기도 하다.

☐ 소설가 novelist
☐ 변호사 attorney
☐ 집안일 house chores

| 굵다 | 어렵다 | 기쁘다 | 간단하다 | 이다 | 청소하다 |

1. A: 주말에 보통 뭐 해요?
   B: _____ 하고 빨래하기도 해요.

2. A: 다음 주에 유학 가는데 기분이 어때요?
   B: _____ 하고 떨리기도 해요.

3. A: 그 사람은 어떤 일을 해요?
   B: 소설가 _____ 하고 변호사이기도 해요.

4. A: 아침을 매일 드세요?
   B: 아침은 _____ 하고 간단하게 먹기도 해요.

5. A: 혼자 사니까 집안일도 할 게 많지요?
   B: 네, 집안일이 생각보다 _____ 하고 귀찮기도 하네요.

6. A: 이거 맛있네요. 만들기 어렵지 않았어요?
   B: 아니요, 이건 요리법이 _____ 하고 맛있기도 해서 자주 만들어요.

R Complete the conversations as in the example using -기도 하다.

> 예 A: 동생하고 같이 살아서 좋겠어요.
> B: 네, 외롭지 않아서 좋기도 하고 가끔 귀찮기도 해요.

1. A: 어디에서 옷을 사요?
   B: _____.

2. A: 점심은 누구랑 먹어요?
   B: _____.

3. A: 핸드폰으로 주로 뭐 해요?
   B: _____.

4. A: 여름 방학 때 보통 뭐 해요?
   B: _____.

5. A: 학교 갈 때 무슨 옷을 입고 가요?
   B: _____.

더 나아가기 2

□ 만지다 to touch
□ 팔짱을 끼다 to take someone's arm
□ 오해하다 to misunderstand
□ 커플룩 matching outfits
□ 특이하다 to be unusual
□ 비슷하다 to be similar

S Listen to the conversation and answer the questions.

1. 비비안이 한국에서 알게 된 한국의 문화는 무엇입니까?
   ① 커플끼리 음식을 먹여 주는 것 ② 커플끼리 머리를 만지는 것
   ③ 커플이 아닌데도 팔짱을 끼는 것 ④ 커플이 아닌데도 밥을 사 주는 것

2. 비비안이 새로 알게 된 문화에 대해 맞지 <u>않는</u> 것은 무엇입니까?
   ① 친한 사이에서 한다. ② 여자들이 주로 한다.
   ③ 비비안은 아직도 당황스러워한다. ④ 비비안은 한국에 가서 오해를 했다.

T Listen to the conversation and answer the questions.

1. Choose True or False.
   1) 여자는 커플룩이 특이하다고 생각한다.   (T / F)
   2) 캐나다에서는 특별한 날에 비슷한 옷을 입기도 한다.   (T / F)
   3) 한국에서 커플들은 항상 같은 옷을 입고 다닌다.   (T / F)
   4) 두 사람이 같은 옷을 입는 것은 커플인 척하고 싶어서이다. (T / F)

2. '-기도 하다'를 사용해서 빈칸에 들어갈 말을 써 보세요.

   > 한국에서는 커플끼리 똑같은 옷을 입기도 하고 _____.

U 여러분이 알고 있는 한국의 특이한 점 또는 특이한 문화가 있어요? 반 친구와 같이 얘기해 보고 자신의 생각을 말해 보세요.

> 예) 저는 한국의 배달 문화가 특이하다고 생각해요. 한국에서는 배달이 안 되는 음식이 거의 없는 것 같아요. 한국 드라마를 봤는데 한강에서도 치킨과 떡볶이를 시키는 것을 보고 놀랐어요.

V Read the following text and answer the questions.

□ 기술 skill, technology
□ 발달하다 to develop
□ 여전히 still
□ 행운 luck
□ 돼지 pig
□ 한자 Chinese characters
□ 복권 lottery ticket
□ 당첨되다 to be chosen
□ 불운 misfortune
□ 떨다 to shake
□ 깊게 profoundly, strongly

각 나라마다 독특한 미신이 있다. 한국에도 재미있는 미신이 많다. 과학 기술이 발달한 지금도 미신을 믿는 사람들이 여전히 많다. 한국에서 행운을 가져다주는 동물은 돼지이다. 돼지(豚)의 한자는 한국어의 돈과 발음이 같고 돼지는 새끼를 많이 낳기 때문에 돼지꿈을 꾸면 돈이 들어온다고 생각한다. 그래서 돼지꿈을 꾸면 복권을 _____㉠_____ . 실제로 돼지꿈을 꾸고 복권에 당첨된 사람들도 있다. 이와는 반대로 불운과 관련된 미신도 있다. 한국 사람들은 다리를 떨면 복이 나간다고 생각한다. 사람들은 긴장할 때 자기도 모르게 다리를 떤다. 이것은 다른 사람에게 좋지 않은 인상을 줄 수 있기 때문에 복이 나간다고 생각하는 것이다. 또한, 한국에서 숫자 4는 불운을 뜻한다. 4는 죽음을 뜻하는 한자와 발음이 같기 때문이다. 그래서 한국에는 4층이 없는 건물이 많다. 특히 병원의 경우는 3층 다음에 5층인 경우가 많다. 그러나 미신은 과학적인 근거가 없기 때문에 너무 깊게 믿는 것은 좋지 않다.

1. 다음 중 맞는 것은 무엇입니까?
   ① 미신이 있는 나라는 많지 않다.
   ② 요즘은 미신을 믿는 사람이 별로 없다.
   ③ 미신은 좋은 것도 있고 나쁜 것도 있다.
   ④ 과학적인 근거가 있는 미신은 믿어야 한다.

2. ㉠에 알맞은 것은 무엇입니까?
   ① 이용하기도 한다
   ② 사기도 한다
   ③ 전수하기도 한다
   ④ 고려하기도 한다

3. 위의 글을 읽고 써 보세요.

미신	행운을 의미합니까?	미신이 된 이유
돼지꿈		
다리를 떠는 것		
숫자 4		

W Write a paragraph about superstitions in your country and how they came about.

_____

_____

_____

Lesson 24

공부는 하면 할수록 어려운 것 같아.

대화 1

- 단어 및 표현 1
- 문법 1 -(으)ㄴ/는 데다가: In addition to
- 문법 2 -기 위해(서): In order to
- 문법 3 -(으)면 -(으)ㄹ수록: The more ... the more
- 더 나아가기 1

대화 2

- 단어 및 표현 2
- 문법 4 -(으)ㄹ까 봐(서): Expressing concern or fear
- 문법 5 -어/아 있다: Continuing state of a completed action
- 문법 6 -다(가) 보면: If you keep doing something, then...
- 더 나아가기 2

대화 1

> ☐ 장래 future
> ☐ 날아다니다 to fly
> ☐ 공무원 civil servant
> ☐ 온 all
> ☐ 자신 oneself

단어 및 표현 1

A Fill in the blanks with the most appropriate words. Conjugate the word if necessary.

> 합격하다   미래   성적   이루다   퍼뜨리다   떨어지다   희망   기술

1. 저의 장래 _____은 선생님입니다.
2. 장학금을 받으려면 _____이 좋아야 해요.
3. 꿈을 _____ 위해서 열심히 노력해야 해요.
4. 올해 면접에서 세 번이나 _____. 속상해요.
5. _____에는 자동차가 하늘을 날아다닐지도 몰라요.
6. 친구에 대한 나쁜 소문을 _____ 것은 좋지 않아요.
7. 동생이 공무원 시험에 _____ 온 가족이 기뻐했어요.
8. 자동차를 고치는 _____을 배우기 위해 정비 회사에서 인턴을 하려고 한다.

B Choose the word from the box that matches each definition.

> 보고서   중독   추천서   자기소개서   반려 동물   정비   장난감   창업

1. _____ : 무엇을 고치는 일
2. _____ : 집에서 키우는 동물
3. _____ : 사업을 시작하는 것
4. _____ : 일의 결과를 알리는 글
5. _____ : 무엇에 깊이 빠지는 것
6. _____ : 어떤 사람을 추천하는 글
7. _____ : 아이들이 가지고 노는 물건
8. _____ : 자신이 누구인지를 알리는 글

C Fill in the blanks with corresponding words.

한국어	영어	한국어	영어
	interview		to operate (business)
사업		헛소문	
	amount	성격	
	getting a job	꼼꼼하다	
	to be diligent		to be stubborn

- 게으르다 to be lazy
- (소문이) 돌다 to circulate
- 길가 roadside
- 쓰러지다 to fall down
- 정비소 repair shop

D Choose the most appropriate word from Table C and fill in each blank. Conjugate the word if necessary.

1. 저는 게으르지만, 저희 동생은 _____.
2. 물의 _____ 이 너무 많으면 라면이 싱거워져요.
3. 우리 아이는 _____ 키우기가 힘들어요.
4. 작년에는 김 선생님이 결혼했다는 _____ 이 돌았어요.
5. 한국에서는 MBTI로 _____ 을 알아보는 것이 유행이에요.
6. 우리 아버지는 20년 동안 슈퍼마켓을 _____ 계세요.
7. 캐서린은 성격이 _____ 일을 할 때 실수를 하지 않아요.
8. 택시 회사에 _____ 을 하기 위해서 운전면허증이 꼭 필요해요.

E Choose the most appropriate words for the blanks.

1. 우리 어머니는 건강을 _____ 요가를 배우신다.
   ① 사기 위해 ② 좋아하기 위해 ③ 사랑하기 위해 ④ 유지하기 위해

2. 휴대폰이 고장 나서 내일 _____ 에 가 보려고 해.
   ① 서비스 센터 ② 백화점 ③ 정비소 ④ 식당

3. _____ 바람 때문에 길가에 있는 나무가 쓰러졌다.
   ① 약한 ② 강한 ③ 상쾌한 ④ 차가운

4. 연예인에 대해 나쁜 소문을 _____ 유튜브가 많다.
   ① 움직이는 ② 추천하는 ③ 퍼뜨리는 ④ 제출하는

문법 1 -(으)ㄴ/는 데다가: In addition to

F Complete the table using -(으)ㄴ/는 데다가.

Verbs/Adjectives	Present	Past
자다	자는 데다가	
먹다		먹은 데다가
듣다		
알다		
모르다		
씻다		
크다		–
좋다		–
덥다		–
빠르다		–
재미있다		–
학생이다		–
친구(이)다		–

G Describe the state using -(으)ㄴ/는 데다가 as shown in the example.

> 예 저스틴: 잘생기다, 착하다
> → 저스틴은 잘생긴 데다가 착해요.

1. 도서관: 조용하다, 깨끗하다
   → _____.

2. 베트남: 덥다, 비가 많이 오다
   → _____.

3. 우리 형: 게으르다, 지저분하다
   → _____.

4. 우리 동네: 복잡하다, 시끄럽다
   → _____.

5. 오늘 날씨: 춥다, 바람이 많이 불다
   → _____.

H. Complete the conversations using -(으)ㄴ/는 데다가.

 기름 gas

1. A: 왜 차를 팔려고 해?
   B: _____ 기름 값이 올라서 팔려고 해.

2. A: 리사가 아직 학교에 안 왔네요. 무슨 일 있어요?
   B: 리사가 _____ 버스를 놓쳐서 늦는다고 해요.

3. A: 마이클, 오늘 숙제를 왜 내지 않았어요?
   B: 죄송합니다. _____ 몸도 많이 아팠어요.

4. A: 이번 겨울에 스키 타러 같이 갈 수 있어?
   B: 나는 못 갈 것 같아. _____ 다른 약속이 있어.

5. A: 학교 앞 식당은 왜 그렇게 사람이 많아?
   B: 그 식당은 _____ 음식이 맛이 있어서 인기가 많아.

6. A: 토론토의 겨울 날씨는 어때요?
   B: _____.

7. A: 지금 살고 있는 집은 어때요?
   B: _____.

8. A: 한국어를 배우는 건 어때요?
   B: _____.

I. Translate the sentences into Korean using -(으)ㄴ/는 데다가.

1. Math is difficult and not fun.
   _____.

2. The subway is convenient and cheap.
   _____.

3. Jason is smart and has a good personality.
   _____.

4. The man next door is stubborn and not kind.
   _____.

5. Downtown is crowded and rent is expensive.
   _____.

문법 2 −기 위해(서): In order to

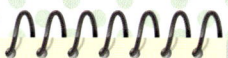
- 슬픔 sorrow
- 진료 medical treatment
- 사진관 photo studio
- 온도 temperature

J Complete the table using −기 위해(서).

Verbs	−기 위해(서)	Verbs	−기 위해(서)
보다	보기 위해서	만들다	
고치다		벌다	
먹다		씻다	
죽다		웃다	
굽다		듣다	
전공하다		읽다	
유지하다		잊지 않다	

K Fill in the blanks with words in the box using −기 위해. Then match the purposes on the left with the actions on the right.

> 받다   찾다   찍다   낮추다   잊다   사다   읽다   늦지 않다

1. 사진을 _____ •   • 여행을 갈까 해요.
2. 슬픔을 _____ •   • 은행에 가야 해요.
3. 진료를 _____ •   • 사진관에 갔어요.
4. 새 옷을 _____ •   • 도서관에 갔어요.
5. 약속에 _____ •   • 병원에 갔어요.
6. 책을 _____   •   • 백화점에 갔어요.
7. 돈을 _____   •   • 에어컨을 틀었어요.
8. 온도를 _____ •   • 일찍 출발하려고 해요.

L **Complete the conversations using -기 위해서.**

□ 줄을 서다 to line up

1. A: 카메라를 새로 샀네요.
   B: _____ 새로 하나 샀어요.

2. A: 오후에 어디 갔다 왔어?
   B: _____ 미용실에 갔다 왔어.

3. A: 지금 어디 가요?
   B: _____ 도서관에 가는 길이에요.

4. A: 저 가게에 사람들이 왜 저렇게 줄을 서 있어요?
   B: _____ 일찍부터 줄을 서 있어요.

5. A: 왜 그렇게 운동을 열심히 해요?
   B: _____ 운동을 열심히 하고 있어요.

6. A: 어제 집에 못 들어갔어요?
   B: 네, _____ 도서관에서 밤을 샜어요.

7. A: 내일 오후에 약속 있어요?
   B: 내일 오후에는 _____ 여행사에 가야 해요.

8. A: 요즘 메이 씨를 보기 힘드네요.
   B: 메이 씨는 요즘 _____ 아르바이트를 많이 하거든요.

M **Complete the sentences.**

> 예 건강해지기 위해서 침대에서 스마트폰을 보지 않아요.

1. 성공하기 위해서 _____.
2. 돈을 벌기 위해서 _____.
3. 행복해지기 위해서 _____.
4. 일찍 일어나기 위해서 _____.
5. 성적을 잘 받기 위해서 _____.
6. 한국어를 잘하기 위해서 _____.
7. 시험에 합격하기 위해서 _____.
8. 한국에 여행 가기 위해서 _____.

문법 3 −(으)면 −(으)ㄹ수록: The more ... the more

☐ 외롭다 to be lonely

N Complete the table using −(으)면 −(으)ㄹ수록.

Verbs	−(으)면 −(으)ㄹ수록	Adjectives	−(으)면 −(으)ㄹ수록
먹다	먹으면 먹을수록	크다	
가다		작다	
벌다		길다	
듣다		빠르다	
씻다		짧다	
배우다		예쁘다	
읽다		많다	
하다		외롭다	
굽다		춥다	

O Complete the conversations using the most appropriate words and −(으)면 −(으)ㄹ수록.

> 오다   참다   보다   아프다   빠르다

1. A: 수술 날짜는 언제가 괜찮으세요?
   B: _____ 좋아요.

2. A: 요즘 몸이 많이 안 좋아서 입맛이 없어요.
   B: 몸이 _____ 잘 먹어야 해요.

3. A: 언니가 지난달에 아기를 낳았어.
   B: 어머나, 너무 귀엽겠다.
   A: 응, 아기는 _____ 예쁜 것 같아.

4. A: 비가 많이 오네요.
   B: 태풍이 가까이 _____ 비가 많이 와요.

5. A: 배 아픈 건 어때? 병원은 다녀왔어?
   B: 아니, 아직 못 갔어.
   A: 얼른 갔다 와. 아픈 건 _____ 더 안 좋아져.

P Complete the conversations using -(으)면 -(으)ㄹ수록.

>
> A: 왜 그렇게 여행을 많이 다녀요?
> B: 여행은 하면 할수록 배우는 게 많아요.

1.
   A: 왜 그렇게 쇼핑을 자주 해요?
   B: _____.

2.
   A: 왜 그렇게 커피를 자주 마셔요?
   B: _____.

3.
   A: 어제 본 공포 영화는 어땠어요?
   B: _____.

4.
   A: 강아지를 키우는 게 힘들지 않아요?
   B: _____.

5.
   A: 왜 그렇게 한국어 수업을 열심히 들어요?
   B: _____.

Q Write your preference for the items listed below using -(으)면 -(으)ㄹ수록.

> 예 | 음식 | : 맛있으면 맛있을수록 좋아요.

- | 친구 | :
- | 수업 | :
- | 내 방 | :
- | 사는 동네 | :
- | 여행하는 곳 | :

더 나아가기 1

□ 신입 사원 new employee
□ 반드시 certainly, without fail
□ 한국 전쟁 Korean War
□ 참전하다 to participate in war
□ 결과 result

R Listen to the conversation and choose True or False.

1. 남자와 여자는 아는 사이다. (T / F)
2. 여자는 동물 병원에서 일한다. (T / F)
3. 남자는 신입 사원으로 지원하려고 한다. (T / F)
4. 남자는 추천서를 반드시 제출해야 한다. (T / F)
5. 남자의 집은 한국 동물 병원에서 멀다. (T / F)
6. 남자는 허리를 다쳤다. (T / F)
7. 남자는 면접을 보기 위해 동물 병원에 가야 한다. (T / F)

S Listen to the conversation and answer the questions.

1. 다음 중 맞지 <u>않는</u> 것은 무엇입니까?
   ① 여자는 대학원에 진학하기 위해서 면접을 보고 있다.
   ② 여자와 남자는 같은 장소에 있지 않다.
   ③ 여자는 한국 역사를 공부하고 싶어 한다.
   ④ 여자의 아버지는 한국 전쟁에 참전하셨다.

2. 대화를 듣고 맞으면 T, 틀리면 F를 고르세요.
   1) 캐나다는 지금 오전 9시이다. (T / F)
   2) 여자는 한국어로 수업 듣는 것을 어려워하지 않는다. (T / F)
   3) 면접 결과는 다음 주 수요일에 알려준다. (T / F)

3. 빈 칸에 들어갈 말을 쓰세요.

   여자는 한국에 대해 _____ 한국에 대해 더 많이 알고 싶어졌다.

Lesson 24 공부는 하면 할수록 어려운 것 같아. **171**

T Read the following text and answer the questions.

받는 사람	이민호 mh_lee3333@cmail.com
제목	Re: 취업 준비

민호야, 안녕. 제임스 형이야. 잘 지내지?
　요새 취업 준비하느라 많이 바쁘지? 정신이 없을 거라고 생각한다. 낮에 회사에서 바빠서 이제 답장을 보낸다. 네가 궁금해하는 내용 중 너에게 도움이 될 만한 것들을 몇 가지 알려 줄게.
　첫째, 모든 서류에 사실만을 적어야 해. 네가 아르바이트나 봉사활동을 했던 경험을 모두 쓰면 좋은데 거짓말을 하면 안 돼. 어디에서 했고, 언제부터 언제까지 했는지를 정확하게 쓰는 게 중요해.
　둘째, 자기소개서는 중요한 내용만 적는 게 좋아. 자기소개서는 너를 가장 잘 보여 주는 글이니까 너에 대한 중요한 정보를 잘 전달하는 게 핵심이야. 그리고 지원하는 회사에 네가 얼마나 필요한 사람인지를 잘 보여 줘야 해.
　셋째, 추천서는 너와 좋은 관계인 분한테 받는 게 좋아. 추천서를 받기 위해 다이애나 교수님을 찾아뵙는 건 어떨까? 수업도 많이 들은 데다가 너를 제일 잘 아는 교수님이니까 한번 부탁드려 봐.
　넷째, 면접 때는 자신감 있는 모습을 보이는 게 중요해. 자신감은 너의 큰 장점이잖아. 네가 회사에 일을 배우러 온 사람이 아니라 회사에 도움이 되는 사람이라는 것을 보여 줘. 그러면 회사에서도 너를 뽑고 싶어 할 거야.
　잘되길 바란다. 나중에 소식 전해 줘. 안녕.

□ 내용 content
□ 도움이 되다 to be helpful
□ 적다 to write
□ 봉사활동 volunteer work
□ 거짓말 lie
□ 정확하게 exactly
□ 정보 information
□ 전달하다 to deliver
□ 핵심 core
□ 관계 relation
□ 자신감 confidence
□ 장점 strengths
□ 뽑다 to recruit
□ 답장 reply

1. 다음 중 맞지 <u>않는</u> 것은 무엇입니까?
　① 제임스가 민호에게 보내는 답장이다.　② 민호는 다이애나 교수님의 학생이다.
　③ 제임스는 취업을 준비 중이다.　　　　④ 민호는 자신감이 있는 사람이다.

2. 제임스가 민호에게 말한 내용으로 맞지 <u>않는</u> 것은 무엇입니까?
　① 지원 서류에 사실만을 적어라.　　　　② 자기소개서는 자세히 적어라.
　③ 추천서는 관계가 좋은 분한테 받아라.　④ 면접을 볼 때는 자신감 있게 해라.

U Write a paragraph about your strengths. Try using -(으)ㄴ/는 데다가 or -(으)면 -(으)ㄹ수록.

_____
_____
_____

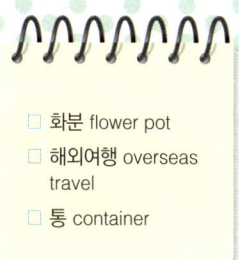
- 화분 flower pot
- 해외여행 overseas travel
- 통 container

단어 및 표현 2

A Fill in the blanks with appropriate words. Use the plain form for the sentence ending.

| 익숙하다 | 알아듣다 | 포기하다 | 분야 | 이틀 | 결과 |

1. 시험 _____ 가 안 좋을까 봐 걱정이 된다.

2. 나는 화분에 _____ 에 한 번씩 물을 준다.

3. 일이 너무 바빠서 이번 해외여행 계획은 _____.

4. 나는 이곳에서 오래 산 편이라서 이 동네가 _____.

5. 전공을 고를 때는 자신의 관심 _____ 를 잘 생각해서 정해야 한다.

6. 서비스 센터 직원이 내 컴퓨터가 고장 난 이유를 설명했지만 나는 _____ 지 못했다.

B Choose the word from the box that corresponds to each definition.

| 어항   마무리하다   게시판   경력자   그립다   마감일   우대   이틀 |

1. _____ : 두 날
2. _____ : 일을 끝내다
3. _____ : 물고기를 기르는 통
4. _____ : 보고 싶고 만나고 싶다
5. _____ : 특별하게 잘 대해 주는 것
6. _____ : 어떤 일을 끝내야 하는 날짜
7. _____ : 예전에 일해 본 경험이 있는 사람
8. _____ : 여러 사람이 볼 수 있게 알릴 것을 붙이는 곳

Lesson 24 공부는 하면 할수록 어려운 것 같아. 173

C Fill in the blanks with corresponding words.

환경 environment

한국어	영어	한국어	영어
	to miss		favorable treatment; preferred
	to be helpful	대졸	
떨어지다			to stretch, increase
	certificate of graduation		to give up
생각이 나다		알람을 맞추다	
	company, enterprise	서다	

D Choose the most appropriate word from Table C and fill in each blank. Conjugate the word if necessary.

1. 오늘은 하루 종일 _____서 일해서 다리가 아프다.
2. 이 회사는 일한 경력이 있는 사람을 _____ 해 준다.
3. 내 동생은 공부를 열심히 했지만 지원한 대학에 _____.
4. 너는 성적이 좋은데 왜 대학원에 가는 걸 _____ 려고 해?
5. 작은 가게로 시작한 사업이 이제는 큰 _____ 이/가 되었다.
6. 내일 일찍 일어나야 되니까 자기 전에 _____ 것을 잊지 마.
7. 지난번에 네가 도와줘서 큰 _____. 다음에는 내가 도와줄게.

E Choose the most appropriate words for the blanks.

1. 리포트를 언제까지 _____ 합니까?
   ① 제출해야   ② 포기해야   ③ 유지해야   ④ 세워야

2. 이번 여름에는 _____ 에 지원하려고 한다.
   ① 졸업증명서   ② 경력자   ③ 인턴십   ④ 자기소개서

3. 나는 이 회사에서 일한 지 얼마 안 돼서 아직 환경이 _____.
   ① 마무리한다   ② 낯설다   ③ 익숙하다   ④ 그립다

4. 나는 집에 가서 선생님의 강의를 다시 들으려고 휴대폰으로 _____.
   ① 퍼뜨렸다   ② 생각이 났다   ③ 마무리했다   ④ 녹음했다

문법 4 -(으)ㄹ까 봐(서): Expressing concerns or fear

F Complete the table using -(으)ㄹ까 봐서.

Verbs	-(으)ㄹ까 봐서	Adjectives	-(으)ㄹ까 봐서
걱정하다	걱정할까 봐서	작다	
신경 쓰다		비싸다	
떨어지다		춥다	
막히다		미끄럽다	
혼나다		짧다	
모르다		외롭다	
도망가다		창피하다	
틀리다		지저분하다	
팔다		복잡하다	

G Match the situations on the left with the most appropriate actions on the right.

1. 회사에 지각할까 봐 • • 강아지를 키워요.
2. 날씨가 추울까 봐 • • 음식을 조금 먹어요.
3. 소화가 안 될까 봐 • • 집에서 일찍 나와요.
4. 밤에 잠을 못 잘까 봐 • • 커피를 안 마셨어요.
5. 부모님이 걱정할까 봐 • • 아직 고백을 못했어요.
6. 혼자 살면 외로울까 봐 • • 다쳤다고 말 안 했어요.
7. 좋아하는 사람한테 거절당할까 봐 • • 코트를 입었어요.

Lesson 24 공부는 하면 할수록 어려운 것 같아. 175

H Choose the most appropriate words and complete the sentences using −(으)ㄹ까 봐서.

☐ 천천히 slowly

| 잊어버리다 | 안 맞다 | 배탈이 나다 | 듣다 |
| 들키다 | 미끄럽다 | 퍼뜨리다 | 어렵다 |

1. 눈이 와서 길이 _____ 부츠를 신었다.
2. 약속을 _____ 항상 휴대폰에 메모를 한다.
3. 나는 또 _____ 차가운 음식을 먹지 않았다.
4. 다른 사람이 _____ 작은 목소리로 얘기했다.
5. 내일 시험을 보는데 문제가 _____ 좀 걱정이 된다.
6. 온라인에서 산 옷이 _____ 걱정했는데 잘 맞아서 다행이다.
7. 나는 친구한테 거짓말을 하고 나서 _____ 걱정하기 시작했다.
8. 나를 싫어하는 반 친구가 나에 대한 헛소문을 _____ 걱정이다.

I Complete the conversations using −(으)ㄹ까 봐.

1. A: 왜 그렇게 땀을 흘리세요?
   B: _____ 뛰어왔어요.

2. A: 제이슨 씨한테 연락해 봤어요?
   B: 세 번이나 전화해 봤는데 연락이 안 돼요. _____ 걱정되네요.

3. A: 내일 면접이 있지요? 면접 잘 보세요.
   B: 고마워요. 그런데 _____ 좀 떨려요.

4. A: 아침에 알람을 세 개나 맞춰 놓으세요?
   B: 네, 아침에 _____ 세 개 맞춰 놓아요.

5. A: 내일 제주도에 가지요? 여행 잘 다녀오세요.
   B: 네, 그런데 _____ .

6. A: 어, 벌써 점심을 먹어요?
   B: 네, 12시부터 수업이 있는데 _____ 미리 먹어요.

7. A: 의사 선생님이 말을 천천히 하시네요.
   B: 네, 환자가 말을 _____ 천천히 말하는 거 같아요.

 **5** **-어/아 있다: Continuing state of a completed action**

☐ 쓰이다 to be written
☐ 줄 line
☐ 살짝 slightly
☐ 얼다 to freeze

J Complete the table using the -어/아 있다.

Verbs	-어/아 있다	Verbs	-어/아 있다
가다		열리다	
오다		걸리다	
놓다		잠그다	
앉다		닫히다	
깨다		쓰이다	

K Choose the most appropriate words for the blanks.

1. 사람들이 버스를 타려고 정류장에 줄을 _____ 있다.
   ① 앉아   ② 깨어   ③ 서   ④ 남아

2. 나갈 때 문을 안 잠갔나 봐요. 문이 _____ 있었어요.
   ① 열어   ② 열려   ③ 닫아   ④ 닫혀

3. A: 이 책 누구 거예요?
   B: 글쎄요. 이름이 _____ 있지 않나요?
   ① 쓰어   ② 놓여   ③ 메모해   ④ 쓰여

4. 퇴근하고 집에 오니까 문에 메모가 _____ 있었다.
   ① 붙어   ② 놓여   ③ 모여   ④ 쌓여

5. 어제 물을 냉장실에 하루 종일 넣어 놨다. 물이 살짝 _____ 있다.
   ① 녹아   ② 녹여   ③ 얼어   ④ 얼려

6. A: 가게 문이 닫혀 있네요. 어떡하지요?
   B: 아, 여기 메모가 있어요. "문이 _____ 있으면 이 번호로 전화 주세요."
   ① 잠가   ② 잠겨   ③ 열어   ④ 열려

7. 아기가 엄마의 팔에 _____ 있어요.
   ① 걸어   ② 걸려   ③ 안아   ④ 안겨

8. 강아지가 소파에 _____ 있어요.
   ① 앉아   ② 앉혀   ③ 안아   ④ 안겨

L Choose the most appropriate words and complete the conversations using -어/아 있다.

- ☐ 밤새 overnight
- ☐ 가격표 price tag
- ☐ 붙다 to attach
- ☐ 떼다 to take off, detach
- ☐ 취하다 to be drunk
- ☐ 사인회 autograph session

> 붙다   쌓이다   취하다   들어가다   서다

1. A: 손님, 어디에 세워 드릴까요?
   B: 저기 버스가 _____ 데 세워 주세요.

2. A: 옷을 새로 샀어요? 옷에 가격표가 아직도 _____ 있네요.
   B: 아, 그래요? 몰랐어요. 떼야겠네요.

3. A: 어제 민수 씨가 술을 많이 마셨나 봐요.
   B: 네, 제가 어제 파티에 갔을 때 민수 씨가 이미 _____ 있었어요.

4. A: 어머, 눈이 많이 왔네요. 밤새 눈이 왔나 봐요.
   B: 그러게요. 저도 일어나서 밖을 보니까 눈이 많이 _____ 있더라고요.

5. A: 미안해요. 약속 시간에 좀 늦을 거 같아요.
   B: 그럼, 제가 근처 커피숍에 _____ 있을게요. 도착하면 연락 주세요.

M Complete the conversations using -어/아 있다.

1. A: 지금 파티에 _____ 사람이 많아요?
   B: 아니요, 거의 다 집에 가고 지금 5명밖에 없어요.

2. A: 저기에 왜 사람들이 _____ 알아요?
   B: 이따가 연예인 사인회가 있어서 사람들이 줄을 서 있는 거예요.

3. A: 저기 창문이 _____ 좀 닫아 주시겠어요?
   B: 네, 닫아 드릴게요.

4. A: 아버지 건강은 어떠세요?
   B: 요즘 건강이 안 좋아지셔서 병원에 _____.

5. A: 그렇게 늦게 자면 다음 날 피곤하지 않아요?
   B: 저는 밤에 일하는 걸 좋아해요. 보통 2시까지는 _____.

문법 6 -다(가) 보면: If you keep doing something, then...

가사 lyrics

N Complete the table using -다가 보면.

Verbs	-다가 보면	Verbs	-다가 보면
먹다	먹다가 보면	놀다	놀다가 보면
살다		이야기하다	
듣다		사용하다	
울다		지나가다	

O Choose the most appropriate expressions for the blanks.

1. A: 어제 컴퓨터를 바꾸었는데 사용하는 게 익숙하지 않네요.
   B: 며칠 _____ 금방 익숙해질 거예요.
   ① 놀다가 보면 ② 녹음하다가 보면 ③ 쓰다가 보면 ④ 마무리하다가 보면

2. A: 어떻게 하면 한국어 발음이 좋아질까요?
   B: 매일 큰 소리로 한국어 책을 _____ 발음이 좋아질 거예요.
   ① 숙제하다가 보면 ② 공부하다가 보면 ③ 읽다가 보면 ④ 쓰다가 보면

3. A: 아이 얼굴이 왜 그래요? 다쳤나 봐요?
   B: 네, 친구와 놀다가 좀 다쳤어요. 아이들끼리 _____ 다칠 때도 있지요.
   ① 놀다가 보면 ② 피하다가 보면 ③ 울다가 보면 ④ 웃다가 보면

4. A: 아까 음식을 급하게 먹었나 봐요. 배가 좀 아프네요.
   B: 음식을 급하게 _____ 배탈이 날 때가 있지요. 너무 빨리 드시지 마세요.
   ① 안 먹다가 보면 ② 먹다가 보면 ③ 버리다가 보면 ④ 굶다가 보면

5. A: 어떻게 그렇게 한국어를 잘하세요?
   B: 저는 케이팝으로 공부해요. 계속 노래를 _____ 가사도 이해하게 돼서 도움이 많이 돼요.
   ① 듣다가 보면 ② 부르다가 보면 ③ 쓰다가 보면 ④ 따르다가 보면

P Choose the most appropriate verbs and complete the conversations using -다가 보면.

- 자신감 confidence
- 막 recklessly
- 물어뜯다 to bite
- 습관 habit

| 쓰다 | 키우다 | 달리다 | 연습하다 |
| 먹다 | 가다 | 입다 | 굶다 |

1. A: 계속 운전하니까 좀 피곤하네요. 좀 쉴 만한 곳이 있을까요?
   B: 네, 1km 정도 _____ 휴게소가 나올 거예요.

2. A: 매일 달리기를 하세요? 힘들지 않아요?
   B: 몸은 조금 힘든데 _____ 스트레스가 풀려서요.

3. 손님: 청바지가 좀 작은 것 같아요.
   점원: 처음에는 작은 것 같아도 _____ 조금 늘어날 거예요.

4. A: 저는 물냉면 맛을 모르겠어요. 그냥 싱거운 맛이에요.
   B: 처음에는 맛을 몰라도 계속 _____ 맛을 알게 될 거예요.

5. A: 어제 이 가방 샀는데 어때? 예쁘지?
   B: 또 산 거야? 그렇게 돈을 막 _____ 나중에 힘들어질 거야.

6. A: 내일 발표가 있는데 떨리네요.
   B: 너무 걱정하지 마세요. 계속 _____ 자신감이 생길 거예요.

7. A: 저희 집 강아지가 휴지를 다 물어뜯어 놓았어요.
   B: 강아지를 _____ 그런 일이 많아요. 우리 집 강아지도 가끔 그래요.

8. A: 아침을 안 드세요? 그렇게 _____ 건강이 나빠질 텐데요.
   B: 계속 아침을 안 먹는 게 습관이 되어서 괜찮아요.

Q Complete the conversations using -다 보면.

1. A: 어머니 생신을 잊어버렸어요.
   B: 바쁘게 _____ 생일을 잊어버릴 때도 있지요.

2. A: 한국어 읽기를 잘 못해서 걱정이에요.
   B: 매일 책을 _____ 빨리 읽게 될 거예요.

3. A: 요즘 남자 친구하고 자주 싸워서 속상해.
   B: _____ 싸울 수도 있지. 먼저 화해하자고 말해 봐.

4. A: 요즘 길을 _____ 꽃다발을 들고 가는 사람이 많아요.
   B: 요즘 졸업식을 많이 하잖아요.

더 나아가기 2

- 경력 work experience
- 포트폴리오 portfolio
- 치료하다 to heal a disease
- 장점 advantages

R Listen to the conversation and answer the questions.

1. 다음 중 맞는 것은 무엇입니까?
   ① 여자는 디자인을 전공한다.
   ② 여자는 디자인 분야에서 일한 경력이 있다.
   ③ 여자는 디자인 대회에서 상을 받은 적이 없다.
   ④ 여자는 내일까지 지원을 마무리할 것이다.

2. 이 회사에 제출해야 하는 것이 <u>아닌</u> 것은 무엇입니까?
   ① 이력서 ② 포트폴리오 ③ 졸업증명서 ④ 자기소개서

S Listen to the narration and answer the questions.

1. 다음 중 맞지 <u>않는</u> 것은 무엇입니까?
   ① 여자는 동물 병원 인턴십에 지원했지만 떨어졌다.
   ② 한국 동물 병원은 한국대학교에서 운영한다.
   ③ 여자는 동물 병원에서 일한 적이 없다.
   ④ 우리 동네의 동물 병원은 주로 작은 강아지를 고쳐 준다.

2. '-어/아 있다'를 사용해서 빈칸에 들어갈 말을 써 보세요.

   얼마 전에 학교 게시판에 _____ 광고를 보고 지원했다.

T 여러분은 졸업한 후에 어떤 곳에서 일하고 싶으세요? 취업할 때 뭐가 제일 중요해요? 그게 왜 중요한가요? 반 친구와 이야기해 보세요.

> 예
> 졸업하고 나서 어떤 일을 하고 싶어요?
> 그 일을 하려면 어떤 자격이 필요해요?
> 그 일을 왜 하고 싶어요? 그 일의 장점은 뭐예요?

U Read the following text and answer the questions.

| 직장 workplace |
| 선택하다 to choose |
| 기준 standard |
| 조사 survey |
| 연봉 annual salary |
| 워라밸 work life balance |
| 안정성 security |
| 복지 welfare |
| 계약직 contract job |
| 매번 each time |
| 보람을 느끼다 to feel rewarded |

　사람마다 직장을 선택할 때 가장 중요하게 생각하는 것은 조금씩 다르다. 요즘 20대나 30대의 직장 선택의 기준은 무엇일까? 인터넷 사이트 '사람인'이 20대와 30대 1985명에게 '직장을 선택할 때 가장 중요한 것은 무엇입니까?'라는 조사를 한 결과 20대와 30대는 연봉 (40%)을 가장 중요한 것으로 골랐다. 다음으로는 워라밸 (30%), 안정성 (20%), 복지 (10%)의 순서였다. 하지만 나의 생각은 조사 결과와는 조금 다르다. 나는 안정성이 가장 중요하다고 생각한다. 나에게는 연봉이 적어도 일을 계속할 수 있는지가 더 중요하다. 요즘은 사람들이 계약직으로 일을 많이 하는데 나에게는 계약 기간이 끝날 때마다 새로운 일을 찾아보는 것이 큰 스트레스일 것 같다. 또, 매번 지원한 곳에 _____㉠_____ 걱정이 많을 것 같다. 그래서 나는 오랫동안 다닐 수 있는 직장에서 일하고 싶다.

1. 이 글의 제목은 무엇입니까?
    ① 직장 선택의 기준　　　　　　　② 연봉이 중요한 이유
    ③ 경제와 직장 생활　　　　　　　④ 보람을 느낄 수 있는 일 찾기

2. 다음 중 조사한 내용과 맞지 않는 것은 무엇입니까?
    ① 조사는 '사람인'이라는 인터넷 사이트에서 했다.
    ② 조사에는 모두 1985명이 대답을 했다.
    ③ 20대나 30대는 연봉을 중요하게 생각하지 않는다.
    ④ 20대나 30대는 워라밸을 복지보다 더 중요하게 생각한다.

3. ㉠에 알맞은 것은 무엇입니까?
    ① 포기할까 봐　　② 떨어질까 봐　　③ 망할까 봐　　④ 늦을까 봐

4. 글쓴이가 직장을 고를 때 가장 중요하게 생각하는 것은 무엇입니까? (　　　　　　)

V 여러분들에게 직장을 선택할 때 가장 중요한 기준은 무엇입니까? 왜 중요한지 써 보세요.

_____

_____

_____

Listening Script

Listening Script

17과 아르바이트한 지 일주일 됐어요.

[더 나아가기1] R.
남자: 제니퍼, 이번 주말에 뭐 해?
여자: 친구하고 만나기로 했는데, 왜?
남자: 내가 요즘 커피숍에서 아르바이트하는 거 알지?
여자: 응, 한 달 전에 시작했잖아.
남자: 근데 이번 주말에 부모님이 오셔서 아르바이트를 못 갈 것 같아. 혹시 네가 좀 가 줄 수 있어?
여자: 그래. 나도 약속이 있기는 한데 시간을 바꿔 볼게.
남자: 오전에 시작해서 저녁에 끝나니까 조금 힘들 수도 있어.
여자: 괜찮아. 나도 예전에 커피숍에서 아르바이트해 봤어.
남자: 정말? 잘됐다. 너무 고마워. 사장님한테 말해 놓을게.
여자: 몇 시까지 가면 돼?
남자: 학교 앞 커피숍에 토요일 아침 9시까지 가면 돼.
여자: 알았어.
남자: 내가 나중에 밥 살게.
여자: 괜찮아. 그럼, 부모님하고 좋은 시간 보내.

[더 나아가기1] S.
남자: 제니퍼 씨, 요즘 많이 바쁜가요? 공짜 영화표가 생겼는데 저랑 같이 영화 보러 갈래요?
여자: 바쁘긴 바쁜데 영화 보러 갈 시간은 있어요.
남자: 잘됐네요.
여자: 무슨 영화인가요?
남자: 애니메이션 좋아해요? 얼마 전에 새로 나온 한국 애니메이션 영화예요.
여자: 어머, 저 애니메이션을 정말 좋아해요.
남자: 잘됐네요. 이번 주 토요일 오후 1시에 만나요.
여자: 어머, 그 시간에는 아르바이트 인터뷰하러 가야 해요.
남자: 정말요? 시간이 안 맞네요.
여자: 영화는 다음에 같이 봐요.
남자: 그래요. 다음에 꼭 같이 봐요.

[더 나아가기1] T.
보고 싶은 부모님께,
요즘 날씨가 많이 따뜻해졌어요. 아버지, 어머니 모두 안녕하신가요?
저는 잘 지내고 있어요. 지난달에 아르바이트를 새로 시작했어요. 편의점에서 일주일에 두 번 목요일하고 금요일에 일해요. 마침 목요일하고 금요일에는 수업이 없어요. 아무리 바빠도 학교 공부도 열심히 하고 밥도 잘 먹고 있어요. 공부하고 아르바이트를 같이 하는 게 많이 힘들긴 하지만 보람 있어요.
알바비를 모아서 내년에 한국에 여행 가려고 해요. 한국에 가서 할아버지하고 할머니를 만나고 싶어요. 이제 조금 있으면 봄 방학이에요. 이번 봄 방학에는 아르바이트 때문에 집에 못 갈 것 같아요. 여름 방학에 갈게요. 그때까지 건강하세요.
민호 올림

[더 나아가기2] T.
한국의 대학생들은 아르바이트를 많이 하는 편이다. 방학 때는 학기 중보다 시간이 많아서 아르바이트를 여러 개 하는 학생도 많다. 아르바이트를 하는 가장 큰 이유는 용돈을 버는 것이다. 사고 싶은 물건을 사려고 아르바이트를 하는 학생도 있다. 아르바이트를 가장 많이 하는 곳은 커피숍, 영화관, 편의점, 식당이다. 그렇지만, 대학생들이 가장 좋아하는 아르바이트는 과외이다. 돈을 많이 벌 수 있고, 일하는 시간도 짧기 때문이다.

[더 나아가기2] U.
여자: 민호야, 이번 여름 방학에 뭐 할 거야?
남자: 이번 방학에 알바하려고 해.
여자: 그래? 미국에 여행 간다고 하지 않았어?
남자: 그러려고 했는데, 돈을 다 써 버렸어. 그래서 돈을 좀 모아서 다음 방학 때 가려고.
여자: 알바 자리는 찾았어?
남자: 응. 학교 앞 한국 식당 알지? 거기서 하기로 했어.
여자: 잘됐다. 언제부터 시작해?
남자: 다음 주 월요일부터. 너는 방학 때 뭐 할 거야?
여자: 중국에 가려고. 부모님 만난 지 오래됐거든.

부모님 보고 싶어 죽겠어.
남자: 그렇겠다. 중국에 있는 동안 뭐 할 거야?
여자: 커피숍 같은 데서 알바나 하려고 해. 용돈 좀 벌려고.
남자: 그렇구나. 방학 동안 알바도 하고 부모님이랑 맛있는 거 많이 먹고 좋은 시간 보내.
여자: 그래. 너도. 그럼 여름 방학 끝나고 보자.

[더 나아가기2] V.

오늘은 과외 첫날이었다. 내가 영어를 가르칠 학생의 이름은 박수진이다. 수진이는 초등학교 3학년인데 한국에서 캐나다에 이민 온 지 3개월밖에 안 됐다. 오늘 처음 수진이 어머니와 수진이를 만났다. 수진이 집에 조금 늦게 도착했다.
"이민호입니다. 늦어서 죄송합니다. 이 동네가 처음이라 길을 잃어버렸습니다."
수진이 어머니께서 말씀하셨다.
"민호 학생, 어서 와요. 반가워요."
수진이의 어머니와 수진이가 반갑게 맞아 주었다. 수진이와 첫 수업을 시작했다.
"선생님, 영어 때문에 힘들어 죽겠어요. 친구들하고 말이 잘 안 통해요."
나도 10년 전에 한국에서 캐나다에 처음 왔을 때 영어 때문에 스트레스를 많이 받았다. 수진이에게 영어를 잘 가르쳐 주고 싶다. 수진이가 영어를 잘해서 친구들하고 잘 지냈으면 좋겠다.

18과 의사 선생님이 쉬라고 하셨어.

[더 나아가기1] S.

의사: 어떻게 오셨어요?
환자: 배가 좀 아파요.
의사: 언제부터 아프셨어요?
환자: 점심에 고기를 먹었는데 그때부터 배가 아프기 시작했어요.
의사: 설사하거나 토하지는 않았어요?
환자: 설사는 했는데 토하지는 않았어요.
의사: 다른 데는 괜찮으세요?
환자: 머리도 좀 아파요.
의사: 알겠습니다. 약을 처방해 드릴게요. 오늘은 식사하지 마시고 내일 하루는 죽을 드세요. 당분간 술이나 커피도 드시지 마시고요.
환자: 네, 알겠습니다.

[더 나아가기1] T.

손님: 안녕하세요, 기침이 많이 나는데 어떤 약이 괜찮을까요?
약사: 기침만 하세요? 목이 붓거나 머리가 아프지는 않으세요?
손님: 목은 조금 아픈데 머리는 괜찮아요.
약사: 기침한 지 얼마나 됐어요?
손님: 3일 정도 됐어요.
약사: 요즘 기침 감기가 유행이에요. 이 약을 드셔 보세요.
손님: 이 약을 먹으면 졸리나요?
약사: 네, 조금 졸릴 수 있어요.
손님: 그래요? 이 약 말고 다른 약은 없어요?
약사: 그럼, 안 졸리는 약으로 드릴게요. 잠시만 기다리세요.
손님: 감사합니다.
약사: 여기 있습니다. 3일 동안 드셔 보시고, 그래도 낫지 않으면 병원에 가 보세요.
손님: 네, 알겠습니다.

[더 나아가기1] U.

지난 주말에 동아리 친구들과 등산을 갔는데 산에서 발목을 삐었다. 발목이 빨리 낫지 않아서 병원에 가려고 했는데 친구 수영이가 말했다.
"병원에 가지 말고 한의원에 가 볼래? 우리 엄마가 자주 다니시는 한의원이 있어. 내가 같이 가 줄게."
오늘 오후에 수영이와 함께 한의원에 갔다. 한의사 선생님이 말했다.
"발목이 많이 부었네요. 침을 좀 놓아 드릴게요."
40분 동안 침대에 누워서 침을 맞았다. 침은 생각보다 아프지 않았다. 침을 다 맞은 다음에 한의사 선생님이 말했다.
"오늘 하루는 침 맞은 곳은 씻지 마세요. 그리고 당분간은 발목을 움직이지 않는 게 좋아요. 이틀 후에 한 번 더 오세요."
침이 많이 아프지는 않았지만 또 맞고 싶지는 않다. 발목이 빨리 나았으면 좋겠다.

[더 나아가기2] S.

민호: 제니 씨, 주말에 시간 있으면 영화 같이 볼래요?

제니: 좋아요. 민호 씨는 무슨 영화 좋아해요?
민호: 저는 코미디 영화를 자주 보는 편이에요.
제니: 저도 코미디 영화 좋아요. 영화 본 다음에 같이 저녁 먹으러 가요.
민호: 그래요. 제니 씨는 어떤 음식 먹고 싶어요?
제니: 저는 태국 음식 먹었으면 좋겠어요.
민호: 그럼 영화 보고 태국 식당에 갑시다. 제가 지금 바로 예약할게요.

[더 나아가기2] T.
다니엘: 비비안, 지금 뭐 보고 있어?
비비안: 컴퓨터 사려고 웹 사이트 보고 있어요. 지금 30%나 세일을 하네요.
다니엘: 진짜? 나도 이번 주에 살 걸 그랬네.
비비안: 선배도 컴퓨터 새로 샀어요?
다니엘: 응, 컴퓨터가 자꾸 고장이 나서 며칠 전에 새로 샀거든.
비비안: 그럼 고객 센터에 연락해 보세요. 물건을 사고 나서 바로 세일을 하면 세일 가격으로 맞춰 준다고 해요.
다니엘: 그래?
비비안: 네, 저도 예전에 휴대폰을 사고 나서 세일한 적이 있어요. 그때 고객 센터에서 세일 가격으로 맞춰 줬어요.
다니엘: 그래. 그럼 나도 전화해 봐야겠다. 고마워.

[더 나아가기2] V.
모든 사람들은 건강하게 오래 살고 싶어 한다. 그러기 위해서는 건강한 생활 습관을 가지는 것이 중요하다. 많은 의사들은 "운동을 열심히 하고 잠을 잘 자야 합니다."라고 한다. 그리고 "과식이나 과음하지 마세요."라고도 한다. 담배를 피우는 사람은 당장 담배를 끊으라고 한다. 스트레스를 많이 받지 않는 것도 중요하지만 스트레스를 받았을 때 잘 풀 수 있는 방법을 찾는 것이 좋다. 그리고 친한 친구들, 가족들과 즐거운 시간을 보내는 것도 건강에 도움이 된다. 나이가 들어서 "젊을 때 그렇게 하지 말 걸."하고 후회하지 말고 젊을 때부터 건강을 지켜야 한다.

19과 이사하느라고 바빴어요.

[더 나아가기1] Q.
모하메드: 비비안, 요즘 얼굴 보기 힘드네. 어떻게 지냈어?
비비안: 요새 수업을 듣고 숙제하느라고 정신이 없었어요.
모하메드: 그랬구나. 나도 발표 준비하느라고 요즘 바빴어. 우리 언제 밥 한번 같이 먹자.
비비안: 다음 주부터 방학이라 한가해요.
모하메드: 그래? 그럼, 다음 주 수요일 어때?
비비안: 좋아요. 12시쯤 볼까요?
모하메드: 좋아. 그럼, 우리 자주 가던 서울식당에서 볼까?
비비안: 그래요. 다음 주에 거기서 만나요.

[더 나아가기1] R.
여자: 어머, 비가 오네. 조금 전까지 맑던 날씨가 왜 이래? 오늘 우산 안 가지고 나왔는데.
남자: 나도 우산을 안 가지고 나왔는데 학교 오는 길에 편의점에 들러서 샀어.
여자: 오늘 비가 온다고 했니?
남자: 응, 뉴스에서 소나기가 내릴 수도 있다고 했어. 그런데 집에서 급히 나오느라고 우산을 못 가져왔어.
여자: 비가 안 그치면 나도 집에 가는 길에 우산을 사야겠다.

[더 나아가기1] S.
비비안은 오늘 이사를 했다. 비비안이 살던 아파트는 학교에서 가까웠지만 방도 작고 월세도 비쌌다. 비비안은 넓은 집에 살고 싶어서 그동안 집을 구하느라고 바쁘게 지냈다. 아파트를 몇 군데 둘러보고 나서 마음에 쏙 드는 집을 찾았다. 새집은 학교에서 약간 멀긴 하지만 방이 커서 마음에 들었다. 동네도 깨끗하고 조용했다. 친구들이 이삿짐을 옮겨 주고 정리도 도와주었다. 정리가 끝난 다음에 친구들하고 같이 피자도 시켜 먹고 수다도 떨었다. 비비안은 몸은 피곤했지만 마음에 드는 집으로 이사해서 기분이 아주 좋았다.

[더 나아가기2] P.
여자: 제니퍼 소식 들었어? 얼마 전에 이사했대.
남자: 그래? 이사한지 몰랐어.
여자: 전에 지내던 집이 방은 큰데 햇빛이 잘 안

들어서 별로였대.
남자: 새집은 햇빛이 많이 든대?
여자: 응. 근데 월세는 좀 비싸대.
남자: 가구도 사야겠네.
여자: 침대하고 책상은 있어서 그건 안 사도 된대.
남자: 집을 잘 구했네. 집이 학교에서 가까워?
여자: 응, 그런 것 같아. 제니퍼가 이삿짐 정리 끝나고 나면 초대한대. 집에서 같이 음식을 만들어 먹재.
남자: 그래, 집들이하면 같이 가자.

[더 나아가기2] Q.
남자: 지호 소식 들었어? 지호한테 여자 친구가 생겼대.
여자: 진짜? 어떻게 만났대?
남자: 동아리 후배래. 처음부터 좋아하던 후배인데 얼마 전에 고백해서 둘이 사귀게 되었대.
여자: 잘됐네.
남자: 내가 듣기로는 그 후배도 지호를 좋아했는데 지호가 고백하기를 기다리고 있었대.
여자: 누구인지 나도 궁금하다. 언제 한번 같이 보자.
남자: 그래, 그러자.

[더 나아가기2] R.
새집으로 이사 온 지 일주일이 되었다. 그동안 아르바이트 때문에 바빠서 이삿짐을 정리하지 못했다. 오늘은 쉬는 날이라서 이삿짐을 정리했다. 상자에서 오래된 앨범을 꺼냈다. 어렸을 때 친구들하고 같이 찍은 사진이 있었다. 대학교에 가면서 친구들하고 연락이 끊겼다. 그래서 지금은 친구들이 어떻게 지내는지 잘 모른다. 같이 놀던 친구들이 보고 싶다. 사진을 액자에 넣어서 소파 뒤쪽 벽에 걸었다. 옷도 꺼내서 옷장에 넣었다. 이삿짐을 다 정리하고 나서 쓰레기와 이삿짐 상자를 버리러 밖에 나갔다. 밖에서 옆집에 사는 사람을 만나게 되었다. 옆집 사람과도 빨리 친해졌으면 좋겠다.

20과 한국에 간다면서?

[더 나아가기1] R.
남자: 네, 우리여행사입니다.
여자: 6월에 한국에 가는 항공권을 사려고 하는데요.
남자: 저희 여행사를 이용하신 적이 있으세요?
여자: 네, 전에 한국에 갈 때 이용했었어요.
남자: 전화번호를 알려주실래요?
여자: 614에 927에 58896이에요.
남자: 잠깐만 기다리세요. (잠시 후) 비비안 첸 고객님 맞으세요?
여자: 네, 맞아요.
남자: 언제 출발하실 거예요?
여자: 6월 1일에 토론토에서 출발해서 8월 30일에 돌아오려고 해요.
남자: 직항은 1,800불입니다. 성수기라서 항공권이 좀 비싼 편이에요.
여자: 친구한테서 들었는데 할인 항공권도 있다면서요?
남자: 네, 밴쿠버를 경유하면 할인이 됩니다. 그건 1,500불이에요.
여자: 경유하는 것도 괜찮아요. 한 자리 예약해 주세요.
남자: 네, 카드번호를 알려주시면 예약해 드릴게요.

[더 나아가기1] S.
남자: 항공권 구했다면서?
여자: 응, 성수기라서 항공권이 생각보다 많이 비싸더라고. 그래서 직항은 못 샀고, 밴쿠버를 경유해서 가기로 했어.
남자: 잘했어. 나도 한국에 갈 때 밴쿠버를 경유한 적이 있는데 그렇게 오래 기다리지는 않더라고.
여자: 이제 항공권을 구했으니 비자를 신청하러 영사관에 가려고 해.
남자: 그런데 너는 캐나다 사람이잖아?
여자: 응, 맞아.
남자: 그럼 한국에 갈 때 비자는 필요 없고, 여행 허가만 받으면 돼.
여자: 진짜? 어떻게 받는데?
남자: 옛날에는 영사관을 직접 방문했었는데 요즘은 인터넷으로도 신청할 수 있다고 하더라고.
여자: 몰랐네. 당장 인터넷으로 신청해야겠다. 알려 줘서 고마워.

[더 나아가기1] T.
요즘 해외여행을 하는 사람들이 많아졌다. 여행을 준비하는 것이 옛날보다 편리해졌기 때문이다. 옛날에는 비행기표를 사려면 여행사에 전화를 하거나 직접 방문했었다. 그렇지만 요즘은 인터넷으로 원하는 날짜와 시간, 좌석까지 고를 수 있다.

비수기를 이용하면 할인 항공권을 살 수도 있고, 음식 알레르기가 있거나 아이가 있는 사람들은 기내식도 미리 예약할 수 있다. 시간이 없어서 여행 계획을 세우기 어려운 사람들은 교통, 숙박, 식사가 포함된 패키지 여행을 이용하기도 한다. 그리고 옛날에는 해외여행을 하는 동안 가족이나 친구들과 연락을 하기 어려웠다. 그런데 요즘은 스마트폰 덕분에 해외에서도 언제든지 가족들과 연락을 할 수 있게 되었다. 그리고 여행하는 동안 찍은 사진을 실시간으로 SNS에 올려서 공유하는 사람들도 많이 있다.

[더 나아가기2] R.
남자: 저, 말씀 좀 묻겠습니다.
여자: 네.
남자: 우체국을 찾고 있는데요. 스마트폰 지도를 보니까 이 근처인 것 같은데 안 보이네요.
여자: 아, 우체국이요? 이 길을 따라서 쭉 가다가 사거리에서 오른쪽으로 돌면 학생회관이 보일 거예요. 우체국은 학생회관 건물 지하에 있어요.
남자: 아, 멀지는 않네요.
여자: 네, 그래도 처음 가는 사람은 찾기가 좀 어려울 거예요. 그런데 택배를 부치려고 하시나 봐요?
남자: 네, 우체국에서 택배 부칠 수 있지요?
여자: 네, 그런데 택배는 저기 보이는 편의점에서도 부칠 수 있어요.
남자: 아, 그래요? 그게 더 편리하겠네요.
여자: 그런데 편의점이 우체국보다 조금 비싼 편이에요.
남자: 그래요? 알려주셔서 고맙습니다. 택배가 무거워서 가까운 편의점이 더 좋겠어요.

[더 나아가기2] S.
한국에 온 지 일주일이 지났다. 기숙사 식당 음식이 맛있기는 한데 주말 저녁에는 문을 닫는다고 한다. 그래서 오늘은 옆방에 사는 아놀드하고 같이 중국집에서 저녁을 먹었다. 아놀드는 미국 LA에서 왔는데 아주 명랑하고 친절하다. 아놀드는 자리에 앉자마자 메뉴도 보지 않고 짬뽕을 주문했다. LA에서 짬뽕을 많이 먹어 봤나 보다. 음식을 시키자마자 금방 나오는 것이 신기했다. 나는 짜장면을 시켰는데 정말 맛있었다. 짬뽕 맛도 궁금해서 다음번에는 짬뽕을 먹어 보려고 한다. 기숙사로 돌아오는 길에 학교 근처 슈퍼에 장을 보러 갔다. 내일 아놀드와 김밥을 만들어 먹으려고 슈퍼에서 필요한 재료를 샀다. 다음 주말에도 같이 김밥을 만들어서 공원에 놀러 가기로 했다.

[더 나아가기2] T.
한국을 여행하는 외국인들은 한국의 택배와 배달 문화가 매우 인상적이라고 한다. 먼저, 택배는 상품이나 짐을 원하는 주소로 배달해 주는 것인데 보통 작은 트럭이나 오토바이로 배달한다. 한국에서는 24시간 배달을 한다. 그래서 보통 모든 택배는 주문하고 나서 하루나 이틀 안에 도착한다. 집 근처에 있는 편의점이나 우체국에서 택배를 부칠 수 있기 때문에 매우 편리하다.
한국의 음식 배달 문화도 유명한데 무슨 음식이든지 빨리 집으로 배달해 주기 때문이다. 가끔 음식을 시키자마자 배달 음식이 도착해서 깜짝 놀랄 때도 있다. 그리고 스마트폰만 있으면 어디든지 배달이 가능하기 때문에 학교나 공원에서 음식을 시켜 먹는 사람도 많다. 특히 요즘 한국을 여행하는 외국인들에게 물어보면, 꼭 한강에서 치킨이나 짜장면을 배달시켜서 먹어 보고 싶다고 한다.

21과 한국 드라마를 좋아하는 줄 몰랐어.

[더 나아가기1] U.
여자: 어제 드라마 〈고스트〉 마지막 에피소드 봤어?
남자: 어, 어제 봤어. 너무 재미있더라. 나는 그 배우가 범인일 줄 정말 몰랐어.
여자: 그렇지? 나도 엔딩 보고 너무 놀랐어.
남자: 요즘 드라마는 에피소드를 끝까지 봐야 알 수 있는 것 같아.
여자: 맞아. 나는 스릴러를 많이 보는 편인데도 〈고스트〉의 엔딩을 예상 못 했어.
남자: 너도 스릴러 좋아하니? 나도 그런데.
여자: 응. 그런데 요즘은 여러 나라 작품을 집에서 쉽게 볼 수 있어서 좋은 것 같아.
남자: 맞아. 영화를 보면서 다른 나라 문화를 알게 되는 게 재미있더라.
여자: 그렇지? 그래서 나도 외국 영화를 자주 보는 편이야.
남자: 나는 최근에 인도 영화를 처음 봤어. 자막을 보면서 영화를 보는 것도 괜찮더라고.

여자: 맞아. 자막도 많이 보면 익숙해지더라.

[더 나아가기1] V.
남자: 유키야, 오랜만이다.
여자: 폴, 잘 지냈어?
남자: 응. 근데 너 뭐 읽고 있어?
여자: 나 웹툰 보고 있어. 〈학교 2049〉라는 웹툰인데 캐릭터들이 다 너무 개성 있고 매력 있어.
남자: 아, 제목을 나도 들어 본 것 같은데. 요즘 꽤 유명한 모양이네.
여자: 응, 인기가 많아서 곧 드라마로도 나온대.
남자: 아, 기사에서 본 것 같아. 그 웹툰이 왜 그렇게 인기가 많을까?
여자: 나는 매 에피소드마다 주인공이 바뀌는 게 신선한 것 같아. 엔딩에서 각 캐릭터의 10년 후 모습을 보여 주는 것도 재미있고.
남자: 재미있겠다. 그런데 웹툰 보려면 돈을 내야 되니?
여자: 무료인 에피소드도 있는데 최신 에피소드는 보통 돈을 내야 볼 수 있어.
남자: 돈을 내는데도 사람들이 웹툰을 많이 보나 봐.
여자: 나도 돈을 내고 보게 될 줄 몰랐어. 폴 너도 궁금하면 무료 에피소드 한번 봐.

[더 나아가기1] W.
저는 공연을 보러 가는 것을 좋아합니다. 그래서 캐나다에서 살 때에는 연극이나 영화, 콘서트를 자주 보러 갔습니다. 한국에 와서는 영화와 콘서트는 몇 번 봤지만 연극은 보지 못했습니다. 제가 한국에서 2년 동안 살았는데도 아직 한국어를 잘 이해하지 못해서 보러 가지 않았습니다. 그런데 얼마 전에 한국 친구가 저에게 〈난타〉 공연을 같이 보러 가자고 했습니다. 〈난타〉 공연은 배우들이 말을 하지 않기 때문에 한국어를 잘 몰라도 내용을 이해할 수 있다고 했습니다. 저는 그런 공연이 있는 줄 몰랐습니다. 지난 주말에 드디어 그 친구와 함께 공연을 보러 극장에 갔습니다. 극장에는 저와 같은 외국인들이 많이 있었습니다. 말이 없는 공연이라서 외국인들도 많이 보는 모양입니다. 공연이 아주 재미있었습니다. 배우들이 신나게 요리 도구를 두드리면서 춤을 췄습니다. 관객 한 명이 무대로 올라가 배우들과 같이 춤을 췄습니다. 우리 모두 웃으면서 박수를 쳤습니다. 언어를 몰라도 재미있게 즐길 수 있는 공연이 있어서 참 좋았습니다. 다른 외국인 친구들에게도 이 공연을 소개해서 그 친구들도 다 보러 가면 좋겠습니다.

[더 나아가기2] R.
남자: 요즘도 케이팝 듣는구나?
여자: 응. 매일 듣지.
남자: 근데 왜 그렇게 케이팝을 좋아해?
여자: 내가 예전에 듣던 음악과 완전히 달라서 새롭고 듣기도 편하더라고. 게다가 아티스트들이 노래도 잘하고 춤도 잘 추잖아.
남자: 케이팝이 한국어 공부하는 데는 도움이 좀 되니?
여자: 당연하지. 케이팝을 들으면서 새로운 단어와 표현도 많이 배웠어. 노래 가사 메시지도 좋아서 자꾸 듣게 돼. 그래서 한국어 공부에 도움이 많이 되는 거 같아.
남자: 그렇구나. 케이팝을 들으면서 한국어까지 배우니까 좋네.

[더 나아가기2] S.
요즘 한국 음악과 영화, 드라마가 세계적으로 인기가 많다. 한국 음악이 쇼핑몰이나 카페에서도 자주 들리고, 한국 제품도 많이 팔리고 있다. 한국 문화에 대한 관심이 한국어에 대한 관심으로 이어지고 있다. 그래서 한국어를 배우려는 사람들도 많아졌다. 학교에서도 한국어 수업이 많아지고, 인터넷에서도 한국어 공부와 관련된 동영상이나 블로그를 어렵지 않게 찾아볼 수 있다.

[더 나아가기2] U.
오늘은 내가 제일 좋아하는 걸그룹 온라인 팬미팅에 참석했다. 재작년 11월 이후 처음 한 팬미팅이라서 더 반가웠다. 지난번 팬미팅은 표가 너무 빨리 팔려서 참석하지 못했는데, 이번에는 운 좋게 표를 살 수 있었다. 멤버들은 한국어, 영어, 일본어 등 여러 나라 말로 팬들에게 인사를 전했다. "정말 오랜만이에요. 멤버들이 모두 모여 함께 노래할 수 있어서 정말 행복해요. 팬들을 직접 만나지 못해 아쉽지만 이렇게 온라인으로 만날 수 있어서 정말 감사해요."라고 말했다. 내가 좋아하는 노래와 멤버들의 이야기를 들을 수 있어서 정말 좋았다. 2시간이 너무 빨리 지나가 버렸다. 팬미팅이 끝나고 나서는 "여러분이 우리를 지켜 줘서 팬미팅을 할 수 있었어요. 너무 감사하고 정말 사랑해요."라는 소감을 남겼다. 소중한

추억을 만들 수 있어서 나에게도 참 행복한 하루였다.

22과 머리를 자연스럽게 해 주세요.

[더 나아가기1] S.
남자: 여보세요. 머리 좀 하려고 하는데요.
여자: 네, 뭐 하실 건데요?
남자: 밝은색으로 염색을 하려고요.
여자: 밝게 하시려면 탈색하셔야 될 거예요. 어떤 색으로 하실 건가요?
남자: 밝은 회색으로 한번 해 보고 싶어요.
여자: 네, 그렇게 해 드릴게요. 시간은 두 시간 반 정도 생각하시면 돼요.
남자: 두 시간 반이나 걸려요?
여자: 네, 원하시는 색이 잘 나오게 하려면 시간이 좀 걸려요.
남자: 탈색은 처음 해 봐서 그렇게 오래 걸리는 줄 몰랐어요. 그래도 색이 잘 나오게 하려면 기다려야지요.
여자: 그럼 언제로 예약해 드릴까요?
남자: 이번 주 금요일 오후 3시에 되나요?
여자: 네. 그럼 그때로 해 드릴게요. 머리는 미용실에 오시면 감겨 드릴 거예요.
남자: 네, 알겠습니다.

[더 나아가기1] T.
남자: 마리아, 너 토니랑 싸웠니?
여자: 아니, 왜?
남자: 토니가 너랑 연락이 안 된다고 해서.
여자: 큰일은 아닌데 토니가 늘 약속 시간을 안 지켜서 나를 화나게 해. 그래서 며칠 전에 토니가 보낸 문자에 답을 안 했어.
남자: 그랬구나. 토니가 약속에 자주 늦는 편이긴 하지.
여자: 너랑 만날 때도 그래?
남자: 응, 토니는 약속 시간에 맞춰서 나온 적이 별로 없는 것 같아. 그런데 토니도 이유가 있어.
여자: 무슨 이유?
남자: 토니한테 어린 동생이 있잖아. 동생이 토니랑 노는 걸 좋아해서 토니가 밖에 못 나가게 하는 것 같더라고.

여자: 아, 정말?
남자: 응, 그렇대. 부모님도 다 일하시니까 토니가 동생을 돌봐 줘야 하는 모양이야. 그러니까 네가 토니를 좀 이해해 줘.
여자: 그렇구나. 몰랐네.

[더 나아가기1] U.
학교 연극 동아리 공연에서 지연이의 오빠를 처음 봤다. 오빠는 키가 크고 체격이 좋았다. 얼굴은 갸름한 편이고 짙은 눈썹에 웃을 때마다 볼에 보조개가 생겼다. 머리가 긴 편이었는데 자연스러운 웨이브가 멋있어 보였다. 첫인상이 워낙 마음에 들어서 지연이에게 오빠에 대해서 물어봤다. 지연이는 오빠가 여자 친구가 없다고 하면서 나에게 오빠를 만나게 해 주겠다고 했다.
나는 소개팅을 한 적이 없어서 오빠를 만나러 가는 날 너무 긴장됐다. 며칠 만에 만난 오빠는 청바지에 흰 티셔츠를 입고 나왔는데 역시 멋있었다. 오빠는 성격도 좋았다. 재미있는 이야기로 나를 많이 웃겨 주었다. 우리는 시간 가는 줄 모르고 오랫동안 대화를 나누었다. 그리고 그다음 날부터 사귀기로 했다.

[더 나아가기2] R.
민　호: 요즘도 한국 드라마 많이 봐?
제니퍼: 응. 한국 드라마, 영화, 노래 다 좋아해.
민　호: 근데 왜 그렇게 한국 드라마를 좋아해?
제니퍼: 드라마 스토리라인이 재미있고, 배우들도 다 멋있잖아.
민　호: 그럼, 케이팝은 왜 좋은데?
제니퍼: 내가 예전에 듣던 음악과 완전히 달라서 새롭고 듣기 편해서 좋아. 게다가 아티스트들이 노래도 잘하고 춤도 잘 추잖아.
민　호: 그건 그렇고, 너 한국어 공부 꽤 오래 했잖아. 한국 드라마나 케이팝이 한국어 공부하는 데 도움이 좀 되니?
제니퍼: 당연하지. 드라마를 보면서 새로운 단어도 많이 배우고, 일상생활에서 어떻게 말해야 하는지도 알게 됐어.
민　호: 그렇구나. 좋아하는 거 하면서 한국어도 배우니까 좋네.

[더 나아가기2] S.
한국 음악과 영화, 드라마의 세계적인 인기로 인해

한국어를 배우려는 사람이 많아졌다. 우리 대학에서도 한국어 수업을 들으려면 미리 신청해야 한다. 인터넷에서도 한국어 공부와 관련된 내용을 어렵지 않게 찾아 볼 수 있다. 한국 문화에 대한 관심이 한글로 이어지고 있다.

[더 나아가기2] U.
한류가 세계로 퍼지면서 K-패션도 인기를 끌고 있다. TV 쇼, 영화, 뮤직 비디오 등에서 한국 연예인들이 입는 패션 스타일은 소셜 미디어를 통해 몇 시간 만에 유명해진다. K-패션은 왜 인기가 있을까? 젊은 디자이너들이 계속해서 한국 패션 시장에 진출하여 매년 수백 개의 새로운 브랜드를 만들고 있다. 그들이 디자인한 옷은 참신하고 품질이 좋아서 소비자에게 많은 사랑을 받고 있다. 또한 한국 패션 산업의 다양성 때문에 많은 사랑을 받고 있다. 한국 사람들은 패션 스타일에 관심이 많고 다양한 패션 스타일을 시도하기를 좋아한다. 이러한 소비자를 위해 다양한 브랜드와 패션 아이템이 출시된다. 마지막으로 한국은 빠른 인터넷과 편리한 온라인 쇼핑 환경으로 유명하다. 온라인 쇼핑 환경은 패션 브랜드의 시장 진출을 도울 뿐만 아니라, 소비자가 편리하게 다양한 브랜드의 옷을 쉽게 구입할 수 있게 한다. 패션 쇼핑 앱을 통해 한국 패션 제품이 출시되는 대로 바로 소비자들에게 유통된다.

23과 무슨 선물을 줘야 할지 모르겠어요.

[더 나아가기1] U.
남자: 수잔, 남자 친구가 한국 사람이라면서?
여자: 응, 내년에 결혼할까 생각도 하고 있어.
남자: 그래? 잘돼 가는 모양이구나.
여자: 그런데 한국 사람들은 결혼할 때 점을 본다면서? 남자 친구 부모님이 내 생일을 알고 싶어 하시는데 내 생일을 알려 드려야 할지 모르겠어. 난 태어난 시간도 모르고 미신을 믿지 않거든.
남자: 한국 사람들 중에는 중요한 일을 결정할 때 점쟁이한테 가는 사람들이 많이 있대. 점은 미래가 어떻게 될지 말해 주거든.
여자: 중요한 일?
남자: 예를 들어 대학교에 들어가거나, 취직하거나, 결혼할 때 점을 많이 본대. 특히 결혼 계획이 있을 때 점을 보면 두 사람이 잘 살지, 언제 결혼하면 좋을지를 알려준대.
여자: 나는 캐나다에서 태어나고 자라서 그런 거 처음 들어보는데 좀 고민이 된다. 어떻게 해야 할지 모르겠네.
남자: 나도 미신을 안 좋아하지만 결혼을 할 계획이라면 부모님이 물어보셨으니까 알려 드려야지.

[더 나아가기1] W.
나라마다 재미있는 미신이 많은데 예를 들어 서양에서는 별자리로 사람의 운명을 예측하기도 한다. 태어난 날짜에 따라 그 사람의 운명이 정해진다고 믿었기 때문이다. 한국에도 재미있는 미신이 많은데 한국에서는 혈액형과 사람의 성격이 관련되어 있다고 믿는 사람들이 많다. 예를 들어 혈액형이 A형인 사람은 남을 배려하는 마음이 크지만 소심하다고 한다. B형인 사람은 새로운 일을 하는 것을 좋아하지만 자기중심적이라고 한다. O형인 사람은 다른 사람들과 잘 지내는 편이지만 지는 것을 싫어한다고 한다. AB형은 바보가 아니면 천재라는 말도 있고, 잘난 척을 많이 하는 편이라고 한다. 물론 이것은 과학적 근거가 없다. 한 통계에 따르면 스위스 사람의 절반 이상이 A형이고, 페루의 한 원주민의 경우 전부 O형이라고 한다. 만약 혈액형이 성격을 결정한다면 스위스 사람들은 대부분 소심한 사람일 것이고, 페루의 원주민은 모두 사람들하고 사이가 좋을 것이다.

[더 나아가기2] S.
남자: 비비안, 오래간만이다. 한국에 교환학생으로 갔다 왔다면서?
여자: 응. 한국에서 일 년 동안 지내다가 왔어.
남자: 그래? 재미있었겠다.
여자: 응, 한국에 살면서 친구도 많이 사귀고, 한국 문화도 새로 많이 알게 되었어.
남자: 네가 모르는 새로운 문화가 있었어? 너는 한국 드라마를 많이 봐서 다 아는 줄 알았는데.
여자: 하하하, 그냥 아는 척한 거야. 한국에는 여자들끼리 팔짱을 끼고 다니는 사람이 많더라고. 둘이 사귄다고 생각했는데 그게 아니더라고.
남자: 커플이 아닌데도 팔짱을 끼고 다녀?
여자: 응, 나도 친구하고 길을 걷는데 한국 친구가 팔짱을 끼어서 처음에 좀 당황스러웠어. 근데

한국에서는 친한 친구들끼리 팔짱을 끼기도 하고 손을 잡고 다니기도 하더라. 이게 친하다는 의미래. 처음에는 당황스러웠는데 나중에는 나도 친구랑 손을 잡고 다니게 되더라고.
남자: 아, 그렇구나. 나도 이거 모르고 한국에 갔으면 오해했겠다.

[더 나아가기2] T.
나는 한국에서 지내면서 한국 문화를 더 많이 알게 되었다. 가장 특이했던 것이 커플룩이다. 다운타운에 나갔다가 똑같은 셔츠를 입은 두 사람이 걸어가는 걸 봤다. 캐나다에서는 커플이라도 똑같은 옷을 입고 다니는 사람이 별로 없기 때문에 조금 특이해 보였다. 그런데 한국에서는 커플들이 똑같은 티셔츠를 입고 다니기도 한다. 또, 똑같은 신발을 신기도 한다. 캐나다에서는 크리스마스 같은 특별한 날에 커플이 비슷한 옷을 입지만 한국에서는 특별한 날이 아니어도 옷을 똑같이 입는 게 신기했다. 이것은 커플 사이에 관계를 더 좋게 만들고 다른 사람에게 커플이라는 것을 보여주고 싶어서라고 한다.

[더 나아가기2] V.
각 나라마다 독특한 미신이 있다. 한국에도 재미있는 미신이 많다. 과학 기술이 발달한 지금도 미신을 믿는 사람들이 여전히 많다. 한국에서 행운을 가져다주는 동물은 돼지이다. 돼지(豚)의 한자는 한국어의 돈과 발음이 같고 돼지는 새끼를 많이 낳기 때문에 돼지꿈을 꾸면 돈이 들어온다고 생각한다. 그래서 돼지꿈을 꾸면 복권을 사기도 한다. 실제로 돼지꿈을 꾸고 복권에 당첨된 사람들도 있다. 이와는 반대로 불운과 관련된 미신도 있다. 한국 사람들은 다리를 떨면 복이 나간다고 생각한다. 사람들은 긴장할 때 자기도 모르게 다리를 떤다. 이것은 다른 사람에게 좋지 않은 인상을 줄 수 있기 때문에 복이 나간다고 생각하는 것이다. 또한, 한국에서 숫자 4는 불운을 뜻한다. 4는 죽음을 뜻하는 한자와 발음이 같기 때문이다. 그래서 한국에는 4층이 없는 건물이 많다. 특히 병원의 경우는 3층 다음에 5층인 경우가 많다. 그러나 미신은 과학적인 근거가 없기 때문에 너무 깊게 믿는 것은 좋지 않다.

24과 공부는 하면 할수록 어려운 것 같아.

[더 나아가기1] R.
여자: 여보세요, 한국 동물 병원입니다.
남자: 안녕하세요, 이번에 신입 사원으로 지원하기 위해서 준비 중인 마이클 조이입니다.
여자: 네, 안녕하세요. 무엇을 도와드릴까요?
남자: 지원 서류에 추천서가 있던데 꼭 제출을 해야 하나요?
여자: 아니요. 추천서는 있으면 좋겠지만 없으면 제출하지 않아도 됩니다.
남자: 그렇군요. 한 가지만 더 물어봐도 되나요?
여자: 네, 괜찮습니다.
남자: 면접을 보기 위해 동물 병원까지 직접 가야 하나요? 제가 집이 먼 데다가 다리를 다쳐서 거기까지 가기가 어려워서요.
여자: 아니요. 지원하실 때, 온라인 면접을 신청하시면 동물 병원까지 직접 오지 않아도 됩니다.
남자: 그래요? 고맙습니다.
여자: 더 도와드릴 건 없나요?
남자: 네, 괜찮습니다. 감사합니다.

[더 나아가기1] S.
남자: 안녕하세요, 클라라 김 씨. 우리 학교 대학원에 지원해 주셔서 감사합니다.
여자: 안녕하세요, 클라라 김입니다.
남자: 지금 한국은 오전 9시인데 캐나다는 몇 시인가요?
여자: 캐나다는 지금 오후 10시입니다.
남자: 그렇군요. 그럼, 면접을 시작하겠습니다. 먼저 왜 우리 학교 대학원에 지원을 했는지 궁금합니다.
여자: 한국대학교는 한국에서 제일 유명한 대학교인 데다가 공부를 열심히 할 수 있는 곳이라고 생각해서 지원을 하게 되었습니다.
남자: 우리 대학에 와서 무엇을 공부하고 싶어요?
여자: 한국 역사에 대해 공부를 하고 싶습니다.
남자: 한국 역사를 공부하고 싶은 특별한 이유가 있나요?
여자: 저희 할아버지가 한국 전쟁에 참전을 하셨는데 한국에 관한 이야기를 많이 해 주셨습니다. 한국에 대해 들으면 들을수록 한국에 대해 더 많이 알고 싶어졌습니다. 그래서 한국 역사부터 공부해야겠다고 생각했습니다.

남자: 그렇군요. 한국어로 수업을 듣는 것은 어렵지 않으세요?
여자: 네, 한국어로 수업을 많이 들어 봐서 괜찮습니다.
남자: 알겠습니다. 면접 결과는 다음 주 월요일에 알려드리겠습니다.
여자: 네, 감사합니다.

[더 나아가기1] T.
민호야, 안녕. 제임스 형이야. 잘 지내지?
요새 취업 준비하느라 많이 바쁘지? 정신이 없을 거라고 생각한다. 낮에 회사에서 바빠서 이제 답장을 보낸다. 네가 궁금해하는 내용 중 너에게 도움이 될 만한 것들을 몇 가지 알려 줄게.
첫째, 모든 서류에 사실만을 적어야 해. 네가 아르바이트나 봉사활동을 했던 경험을 모두 쓰면 좋은데 거짓말을 하면 안 돼. 어디에서 했고, 언제부터 언제까지 했는지를 정확하게 쓰는 게 중요해.
둘째, 자기소개서는 중요한 내용만 적는 게 좋아. 자기소개서는 너를 가장 잘 보여 주는 글이니까 너에 대한 중요한 정보를 잘 전달하는 게 핵심이야. 그리고 지원하는 회사에 네가 얼마나 필요한 사람인지를 잘 보여 줘야 해.
셋째, 추천서는 너와 좋은 관계인 분한테 받는 게 좋아. 추천서를 받기 위해 다이애나 교수님을 찾아뵙는 건 어떨까? 수업도 많이 들은 데다가 너를 제일 잘 아는 교수님이니까 한번 부탁드려 봐.
넷째, 면접 때는 자신감 있는 모습을 보이는 게 중요해. 자신감은 너의 큰 장점이잖아. 네가 회사에 일을 배우러 온 사람이 아니라 회사에 도움이 되는 사람이라는 것을 보여 줘. 그러면 회사에서도 너를 뽑고 싶어 할 거야.
잘되길 바란다. 나중에 소식 전해 줘. 안녕.

[더 나아가기2] R.
남자: 서연 씨, 오래간만이에요. 요즘 어떻게 지내요?
여자: 취업 준비하느라 좀 정신이 없네요. 대한자동차 디자인 분야에 지원하려고 하는데 잘될지 모르겠어요.
남자: 준비할 게 많아요?
여자: 아니요, 이력서하고 졸업증명서, 포트폴리오만 내면 돼요. 근데 제가 이 분야에서 일한 적이 없어서 떨어질까 봐 걱정이에요.
남자: 경력은 없지만 디자인 전공이고 디자인 대회에서 상을 받은 적이 있으니까 괜찮을 거 같아요. 성적도 좋잖아요.
여자: 고마워요. 이 회사에서 꼭 일하고 싶어요.
남자: 마감일이 언제예요?
여자: 마감일까지 일주일 남아 있는데 포트폴리오를 어떻게 만들어야 할지 고민 중이에요.
남자: 계속 고민하다가 보면 좋은 생각이 날 거예요. 잘 마무리하세요.

[더 나아가기2] S.
나는 한국 동물 병원 인턴십에 합격했다. 그래서 이번 여름에 거기에서 일하게 되었다. 한국 동물 병원은 한국대학교에서 운영하는 동물 병원인데 아주 큰 편이다. 얼마 전에 학교 게시판에 붙어 있는 광고를 보고 지원했다. 떨어질까 봐 걱정을 많이 했는데 운이 좋게 합격했다. 나는 작년에 우리 동네 동물 병원에서도 일한 적이 있지만 거기는 주로 작은 강아지만 치료해 주는 곳이었다. 한국 동물 병원처럼 큰 동물 병원에서 일하면서 많은 동물도 치료해 주고 경험도 쌓았으면 좋겠다.

[더 나아가기2] U.
사람마다 직장을 선택할 때 가장 중요하게 생각하는 것은 조금씩 다르다. 요즘 20대나 30대의 직장 선택의 기준은 무엇일까? 인터넷 사이트 '사람인'이 20대와 30대 1985명에게 '직장을 선택할 때 가장 중요한 것은 무엇입니까?'라는 조사를 한 결과 20대와 30대는 연봉을 가장 중요한 것으로 골랐다. 다음으로는 워라밸, 안정성, 복지의 순서였다. 하지만 나의 생각은 조사 결과와는 조금 다르다. 나는 안정성이 가장 중요하다고 생각한다. 나에게는 연봉이 적어도 일을 계속할 수 있는지가 더 중요하다. 요즘은 사람들이 계약직으로 일을 많이 하는데 나에게는 계약 기간이 끝날 때마다 새로운 일을 찾아보는 것이 큰 스트레스일 것 같다. 또, 매번 지원한 곳에 떨어질까 봐 걱정이 많을 것 같다. 그래서 나는 오랫동안 다닐 수 있는 직장에서 일하고 싶다.

MEMO

MEMO